为用户提供高价值的加工解决方案
PROVIDING HIGH-VALUE PROCESSING SOLUTIONS FOR CUSTOMERS

SEXPORTED TO 31 COUNTRIES AROUND THE WORLD
销往全球31个国家

首创科技是一家专注于农产品综合加工解决方案的服务商高新技术企业，致力于帮助客户解决农产品收储难题，杜绝加工污染，保全农产品品质。从微型机械到大型成套加工系统，通过我们的技术、软件、设备和服务，助力产业优化，帮助客户优化运营，产品覆盖果蔬、药材、饮品、饲料及食品等领域。公司凭借不断增强的创新能力、突出的灵活定制能力和完善的交付能力赢得了国内外客户的信任与合作，产品已远销到全球30多个国家和地区。

广泛应用

果蔬 / 药材 / 调味品 / 饮品 / 饲料 / 食品加工领域

2022 全国调味品行业蓝皮书

斯 波 著

中国纺织出版社有限公司

内 容 提 要

本书根据消费的变化、消费的特点、销售的困难、人们的需求状况，系统阐述了中国调味品新消费机会、全复合调味品、中国调味品销售、数字与调味、预制菜等相关内容，为应对消费需求新变化提出了建议，一方面为调味品企业找到新的发展方向，另一方面希望凝聚更多调味品人的力量，聚众智慧发现在调味品复购、聚焦、消费、数字、智能、变革等方面的新价值、新动向、新未来。

图书在版编目（CIP）数据

2022 全国调味品行业蓝皮书／斯波著. --北京：中国纺织出版社有限公司，2022.3
ISBN 978-7-5180-9405-9

Ⅰ．①2⋯ Ⅱ．①斯⋯ Ⅲ．①调味品—食品工业—研究报告—中国—2022 Ⅳ．①F426.82

中国版本图书馆 CIP 数据核字（2022）第 040508 号

责任编辑：闫 婷 责任校对：高 涵 责任印制：王艳丽

中国纺织出版社有限公司出版发行
地址：北京市朝阳区百子湾东里 A407 号楼 邮政编码：100124
销售电话：010—67004422 传真：010—87155801
http://www.c-textilep.com
中国纺织出版社天猫旗舰店
官方微博 http://weibo.com/2119887771
北京华联印刷有限公司印刷 各地新华书店经销
2022 年 3 月第 1 版第 1 次印刷
开本：889×1194 1/16 印张：4.25 插页：4
字数：88 千字 定价：100.00 元
京朝工商广字第 8172 号

著作组成员名单

斯　波　　沈　刚　　廖国洪　　蔡新华　　钟南荣　　李德建　　刘友辉　　舒立新　　周　颖　　李俊祥

李岳云　　李通升　　谢长青　　杨金平　　张　彦　　施建平　　于连富　　朱俊松　　陶国平　　陈帅荣

田其明　　刘元福　　赵　辉　　许朝辉　　崔利新　　于海涛　　周文德　　韦树谷　　王德斌　　胡学丽

张　敏　　陈　超　　孙著书　　廖运兵　　唐春红　　刘钟栋　　孙　勇　　陶贵明　　马世玲　　赵根修

张　栋　　白德华　　钟　凯　　杨姣平　　张　聪　　张　俊　　刘　飞　　钟定江　　李山锁　　黄德高

冯绪忠　　蔡立民　　李　耀　　陈爱民　　韩锦友　　杨四春　　肖丁凡　　陈光友　　罗红梅　　江新业

冯　远　　徐　浩　　姜晓东　　顾志国　　吕翠平　　唐　杰　　张建平　　詹兴超　　朱　勇　　马福平

刘　晏　　俞春山　　余春明　　李建华　　卢治乾　　杨　玲　　孟舒池　　胡四新　　张国相　　钟树文

吴庆元　　王一平　　杨　彬　　王志朋　　冯建明　　陈山信　　沈　平　　胡　静　　李文辉　　王海凤

崔　健　　刘宏伟　　路雨亮　　崔江凤　　葛海林　　李　建　　吕江华　　王　强　　朱华承　　刘元涛

游贤伟　　侯艳军　　邹兴成　　郭文军　　魏　泉　　刘　勇　　何爱娥　　李　平　　庞学伟　　牛学敏

潘　龚　　贺亚恒　　冯　刚　　巴玉浩　　杨　俊　　陈　辉　　吴奇安　　张骥东　　王亚飞　　李　彬

张　建　　陈　立

题 字

《2016 全国调味品行业蓝皮书》全复合调味,配置不破坏主体风味,是中国五味传统文化融合为世界新时代,中国味道老百姓使用方便,一次就行,安全、健康、美味可以做到千家万户,这事对得起老祖宗,也忘不了老祖宗的调味。

中国微生物学会酿造分会原秘书长　顾甘泉

全国调味品蓝皮书　推动调味品行业发展

世界辣椒联盟执行主席、国际火锅产业联盟主席、

中国饭店协会火锅专业委员会会长、

重庆德庄实业(集团)有限公司董事长　李德建　2016.3.23

调味品蓝皮书引领行业新思路新出路

著名调味品营销专家　陈小龙　2016.3.23

全国调味品行业蓝皮书:服务行业　实现双赢

四川省川联川菜调料商会会长、

四川友联味业有限公司董事长　刘元福　2016.3.23

乐于奉献　光彩人生!

全国辣椒产业功勋前辈　贾群成　2016.3.25

全国调味品行业蓝皮书:引领行业发展,务实,落地,助推调味品转型升级,功在当代,利在千秋!

北京仙豪食品科技有限公司董事长、

餐饮业国家一级评委、高级工程师、

高级烹饪师　张彦　2016.3.23

蓝皮书是中国调味品行业的福音!

全国糖酒会办公室主任　古平　2016.3.23

《全国调味品行业蓝皮书》成为中国调味品产业发展的风向标

四川高福记食品有限公司　高银江

《全国调味品行业蓝皮书》引领调味行业驰向蓝海！

四川省川联川菜调料商会秘书长、

《中国川调》杂志主编　刘君贵

调味品行业蓝皮书引领行业发展新趋势　海科为调味品行业的未来而来

成都海科机械设备制造有限公司董事长　郑友林

蓝皮书促进行业健康发展

云南易门益生绿色食品有限公司总经理　谢长青

蓝皮书引领全国调味品行业走向高端品质

山东味正品康食品科技有限公司总经理　于海涛

高温杀菌新工艺把食品安全做好，与蓝皮书共同发展，走向世界，把食品安全做好。

山东诸城耀盛机械有限公司董事长、

著名高温杀菌专家　孙著书

独具视角话行业，精准服务为企业，年轻时尚亦引领，传承中国好味道。

中国食品工业协会品牌专业委员会　广晋川　2018.3.24

让《2022 全国调味品行业蓝皮书》成为中国调味品行业发展的指路明灯。

四川峨眉电影频道《四川味道》总制片人　钟伟　2022.2.25

让蓝皮书走向世界！

西安　宋志　2017.3.23

让全国调味品蓝皮书成为调味品行业的指南。

黑龙江省调味品协会　张志明　2017.3.23

蓝皮书指导中国调味品行业

济宁玉园生物科技有限公司董事长　赵向东

蓝皮书一心为行业，我们愿意添砖加瓦，尽力支持

杨姣平

伟大和渺小是此刻最好的体现

何明

为你点赞,为中国味道付出一切美好!

大庆庆吉特食品有限公司　董事长　田雨军

全国调味品行业蓝皮书　专注、专业、行业领先

四川成都仙厨味业　巫和建

工匠精神

山东省辣椒协会会长、山东英潮集团董事长　谭英潮　2017.3.23

用工匠精神去做调味品弘扬中国味道!

抚顺独凤轩骨神生物技术股份有限公司董事长　于连富　2017.3.22

调味品让蓝皮书走向世界

湖南开口爽食品有限公司董事长　周志锋　2017.3.22

蓝皮书对中国调味品行业有极大的推动作用

北京神州味业科技有限公司总裁　江新业

前　言

调味品行业的发展体现了人们对美好生活的向往和对健康美食的追求,《2022 全国调味品行业蓝皮书》不断深入调味品消耗的实际情况,探索调味品行业规律,为解决调味品行业遇到的困难提供办法,应对调味品行业新趋势。

本书根据消费的变化、消费的特点、销售的困难、人们的需求状况,系统阐述了中国调味品新消费机会、全复合调味品、中国调味品销售、数字与调味、预制菜等相关内容,为应对消费需求新变化提出了建议,一方面为调味品企业找到新的发展方向,另一方面希望凝聚更多调味品人的力量,聚众智慧发现在调味品复购、聚焦、消费、数字、智能、变革等方面的新价值、新动向、新未来。

调味品的数字销售时代已经来临,直播、电商等平台不断体现调味品的新价值,调味品行业也将会面对更多不确定因素,同样也会获得更多数据来应对调味品的研发、生产、销售等多方面的问题,为调味品发展找到新的方向。不同消费商群体聚合力量,整合调味资源,参与调味品利润分配,赋能经销商、服务商、生产商,为解决传统调味品企业的困难提供了帮助。

预制菜已成为人们日常生活的必须品,本书解释了预制菜的相关概念并进行了案例分析,对预制菜的未来发展方向和可能遇到的困难提出了猜想,总结了做好预制菜可以采取的措施,结合预制菜广义概念和实际情况,将全国预制菜分为火锅预制菜、西餐预制菜、中餐预制菜、其他预制菜四大类,分析了 2021 年全国预制菜规模,提出了更多的探索方向,以期找到适合与调味品产业相结合的预制菜发展方向和目标。

全国调味品行业蓝皮书一直致力于正确引导调味品的销售和发展趋势,总结调味品行业发展规律,可作为调味品行业发展的参考读物,为广大调味品人解决调味品行业问题,应对调味品行业新趋势提供一定帮助,在此感谢全国调味品行业蓝皮书工作组,也期待更多与调味品相关的原创标志性读物出现,共同为调味品行业发展而努力。

由于作者水平有限,本书可能存在不足或不妥之处,诚挚欢迎广大读者批评指正。

斯　波

2022 年 2 月 25 日于成都

目　录

第一章　中国调味品新消费机会

一、中国调味品新消费

1. 中国调味品新消费的本质

我国调味品始终以消费认可为导向,尊重消费者对美味的选择。人们吃好已成为中国调味品新消费的本质。中国调味品产业以依据消费认可来开发、引导、创新、体验、消费调味品为主要职责。调味品满足消费的调味态度、调味境界,调味品创新领域满足消费的回归心态,带来新的调味理念,让调味成为享受的标准状态,符合消费利益最大化趋势,以及乐观、向上、积极、舒展、从容、自在、反焦虑、反内卷的调味新动向,持续不断为消费者提供吃好服务。

2. 中国调味品新消费的特点

(1)中国调味品新消费促进调味全复合化。

随着人们对美味需求的日益增长,不断促进调味品创新以满足消费,进而驱使中国调味品全复合化,这是当下调味品快速增长的原因之一。

(2)中国调味品新消费健康化。

我国调味品新消费的明显特点之一就是健康,健康渗透消费的每个细节。新鲜调味品满足人们个性化、人格化、体验化的健康需求,更加符合肠道健康,更能实现吃得健康。创新时代的新消费区别于一般的健康需求,包括消费者对低盐、低糖、低脂、低胆固醇、有机、功能性等的需求,使调味品的健康消费不断得到升级。

(3)中国调味品新消费长期化。

我国调味品品种丰富,分布范围广,民族和地区风味独特,具有不断渗透发展的长期性,可以满足消费者认可的持续需要。

(4)中国调味品新消费链式化。

特色调味品的产业化牵动全国调味品及其相关产业链的发展,每一个新兴调味品主体将所有相关的全产业链资源结合,整合多方力量,拓宽新消费的链式反应,如牛肉、牛油与火锅,腐竹与螺蛳粉、燕饺与沙县小吃等,都是新消费的必然趋势。

(5)中国调味品新消费个性化。

消费需求的个性化迫使调味品消费个性化,诞生了具有绝对竞争力的专用调味品,不断细化消费,不断形成品质稳定、规模化、产业化、定制化、刚需化的个性化调味品的需求。

(6)中国调味品新消费便捷化。

我国调味品新消费不断满足速食、定制、柔性、自由、随机、尊重等便捷需求,实现美食调味的便捷化,同时赋予新消费"颜值",增加消费的传递能力。

(7)中国调味品新消费"不确定性的"确定趋势。

疫情影响下的调味品新消费不断变化,"不确定性"成为确定的变化趋势,调味品新消费的时间、成本、消费方式、消费的数量都在不断变化,直接影响中国调味品的消费进程,存在确定的消费增长需求,但是如何增长是不确定的,消费不确定导致调味品供给不确定,调味品原料供给更加不确定,只有不断细化需求才能生产出更好的调味品。

(8)消费迭代引导调味,驱动持续强化。

调味品需要不断沉淀,通过消费迭代创造新消费的价值,引导调味消费方向,实现调味的升级。消费需求的不断迭代,解决调味消费的不合理、不科学、不规范、不时尚问题,引导全国调味品的变化,满足更加适合消费的调味需求。因为消费需求不断变化,驱动产生新消费,必然需要将持续强化人们的需求作为根本,依此产生驱动持续的特点,加速调味品行业变革,生产满足人们需求的调味品。

(9)思维创新消费。

调味品企业发展的关键不仅仅是人力、财力、物力,更需要创新的思维方式,不断突破人们的传统思维,智造迎合新消费的引流、传接,实现调味品的需求增长。

(10)心智创意。

好吃的表述实现在于满足消费者的心智,应消费需求的事实增加吃好过程的场景设置,将吃好调味品的过程展示出来,如增加油菜花、菜油食用场景的布置,打动消费者的消费决心。

(11)品质差异化。

调味品因为需要满足不同的消费认可,满足人们吃好的差异,因此不同消费领域的调味品品质差异较大。新消费的需求数据变化较为直接,满足人们刚需的程度不一样,消费者需要的调味品就不同。

(12)服务极致化。

调味品产业需要知道调味品如何吃好才能实现调味品的新消费,增加服务的内容,目前服务的程度已经达到从消费者差异化的角度来实现为消费者个性化服务的状态。做好新消费的难度很大,服务增长的内容和空间也比较广泛。通过调味品和调味服务,将满足消费需求做到极致,获得消费者的认可。调味品品牌的成功是时间积累的结果,时间会验证调味品的价值。

3.中国调味品新消费需求的特征(图1-1)

(1)高品质需求特征。

高品质需求有很多特点,高品质的原料传统做法、独特技艺等优势成就高品质的调味品,如酱油从生产工艺规模化、全产业链透明化等方面逐步升级,不断产生新的品牌和企业,不断满足人们的刚需,生产高品质酱油。

(2)高颜值特征。

调味品要符合消费新审美,具有自演分享、个性包装、精美外观的高颜值,实现价值传递,带来更多的调味分享。传统的调味品难以满足现在需求的颜值引导,令人产生食欲。

(3)方便快捷特征。

人们对方便性的需求也在升级,例如闪送等服务及时传达调味品的美食,快餐、小吃等的增长带来新消费的快捷美味,即便是疫情严重的情形下方便程度依然高速增长。

(4)健康需求特征。

疫情让人们更加认识到健康的重要性,与之带来相关联的低糖、低盐、低脂、低食品添加剂的调味品健康新消费体验增加。从基本认识上的健康,不断细化到调味品原料来源健康、加工过程

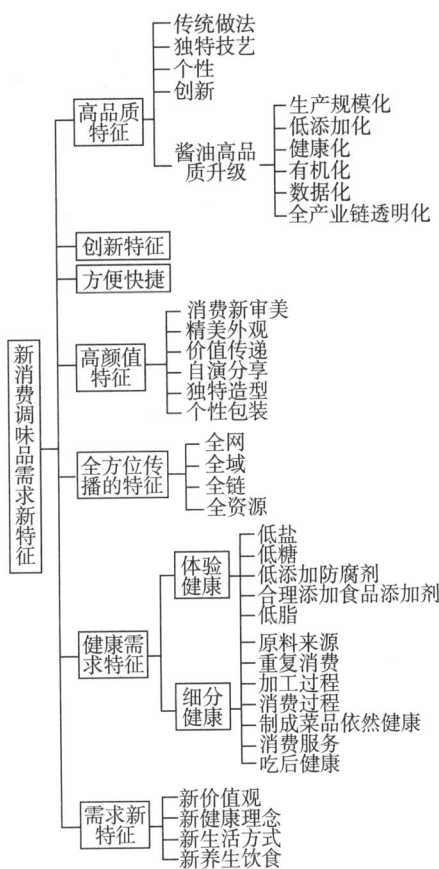

图 1-1　中国调味品新消费需求的特征

健康、消费过程健康、制成菜品依然健康、重复消费健康等各方面。

（5）全方位传播特征。

在信息高速发展的今天，经销商赚差价的时代已经没有了，扎扎实实做好调味品，实实在在做好调味品品牌宣传，充分加强与消费者的沟通，全方位做好不同维度的调味传播。全网、全域、全链、全方位推进成为调味品头部品牌的工作重点。

（6）创新特征。

消费者对调味品创新用法的需求不断增强，调味品生产需要不断尝试改变原料和工艺，从而实现新的消费需求，例如，通过调味让麻辣火锅辣而不燥。一种调味品经过不断创新吃法，展现无数种菜肴的美味，创新体现调味品的灵魂，可以使调味品永不褪色。

二、中国调味品新消费的未来趋势

消费是核心竞争力，消费才是调味品的主导力，调味品行业要牢牢抓住消费的主线，把握消费的关键，不要期待风口的变化，而是依靠调味品实现消费带来调味品单品成长，实现消费需求增长，解决消费者刚需，生产出可以带来更好价值的产品，迭代实现消费升级。中国调味品新消费未来趋势见图 1-2，现主要介绍以下 5 个方面。

1. 渗透消费

调味品消费渗透的方式不断增加，如迎合新消费需求的现代饮食和便捷烹饪方法，既实现了

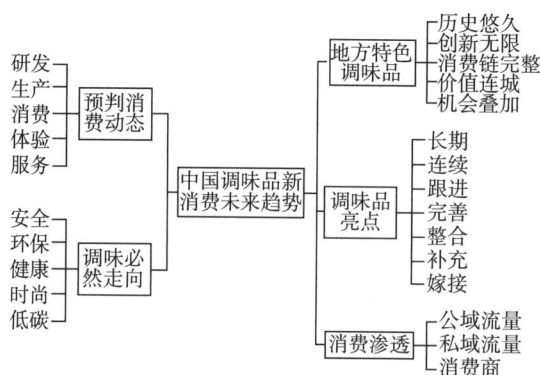

图 1-2　中国调味品新消费的未来趋势

一料多菜,又降低了厨艺门槛,提高了美味的幸福感。直播等新媒体方式的流行,使公众流量不断升级,并形成私域流量从而实现渗透消费。链接消费者最有效的手段也是私域手段。

2. 价值传递

调味品将调味植入消费者的内心,建立独特的价值传递,实现独有的传播体验,带来消费多维价值的中心思想,强化消费的幸福感,调味品通过调味实现消费的价值传递。

3. 体验新潮

无体验不产品,没有体验充分的调味品不可能长期存在。体验好吃的消费新潮,健康刚需的调味迭代,创新全域美味传递模式,通过增长调味品消费实现直接增值。转化消费需求的意识,通过消费产生新的趋势和方向,是调味品牌需要关注的机会。

4. 地方特色标准化

中国餐饮的发展产生调味品的成功,中国调味品的未来是地方特色吃法的产业化和标准化。地方特色调味品具有历史悠久、机会叠加、消费链完整等特点,如重庆等地数据化吃法变现,这完全不同于传统调味品具有的长期、持续、跟进、完善、整合、补充、嫁接等亮点,如地摊火锅调味品。

5. 消费内因变化趋势

过去的消费受样板案例影响,现在的消费产生创新需求,作者对贵州大方豆腐制品的消费行为进行了分析,发现其带动了贵州豆腐小吃的发展,大方豆腐的品质就是贵州豆腐小吃发展的内因,消费者需求的内因不断促进消费增加,带动相应的调味品发展,具有传承文化底蕴、形成味道记忆的功能,体现了吃好的必然趋势。

我国人民对调味品的需求巨大,因此更加迫切需要高品质的调味品。消费需求变化快,而企业无法跟上消费的步伐,造成调味品销售困难。调味品行业要依据消费的变化做预判,应对未来不断变化的趋势,根据消费的动态来研发、生产、消费、体验、服务调味品,挖掘调味消费的潜能,探索调味的生命力,安全、环保、健康、低碳、时尚是调味的必然走向。

三、中国调味品裂变消费

1. "如核裂变"消费(图 1-3)

随着人们对调味品的新需求不断升级成为常规需求,油辣椒、凉拌汁等已成为一种调味品,并变成多种菜肴的核心。调味品"如核裂变"消费体现在:①调味品本身的消费力,一个调味品的价

小吃 ┐
馅料 ┤
西餐 ┤── 裂变吃法
中西结合 ┤
正餐 ┤
烧烤 ┘

烧 ┐
煮 ┤
卤 ┤
炸 ┤── 裂变卤料等
炒 ┤   调味品用法
煎 ┤
烩 ┤
焖 ┘

多角色 ┐
多变现 ┤── 裂变消费商
多定位 ┘

调味品品牌 ┐
调味品企业 ┤── 裂变消费筛选调
调味品 ┤   味品不同级别
调味品特色 ┘

科学 ┐
合理 ┤
规范 ┤── 引导调味
标准 ┤
智能 ┘

中国调味品
裂变消费

速度 ┐
质量 ┤
互动 ┤
体验 ┤
反馈 ┤
特点 ┤
背景 ┤── 细节裂变增加调
计划 ┤   味品销售能量
框架 ┤
总结 ┤
反思 ┤
优化 ┤
效率 ┤
技巧 ┤
方案 ┘

财务 ┐
相关产业链聚合 ┤
运输 ┤── 多维立体
拼购 ┤
共享 ┤
原料合理使用 ┘

抱团消费 ┐
扎堆消费 ┤
群体消费 ┤
样板消费 ┤── 明确消费目标
创新消费 ┤
实体消费 ┤
连锁消费 ┘

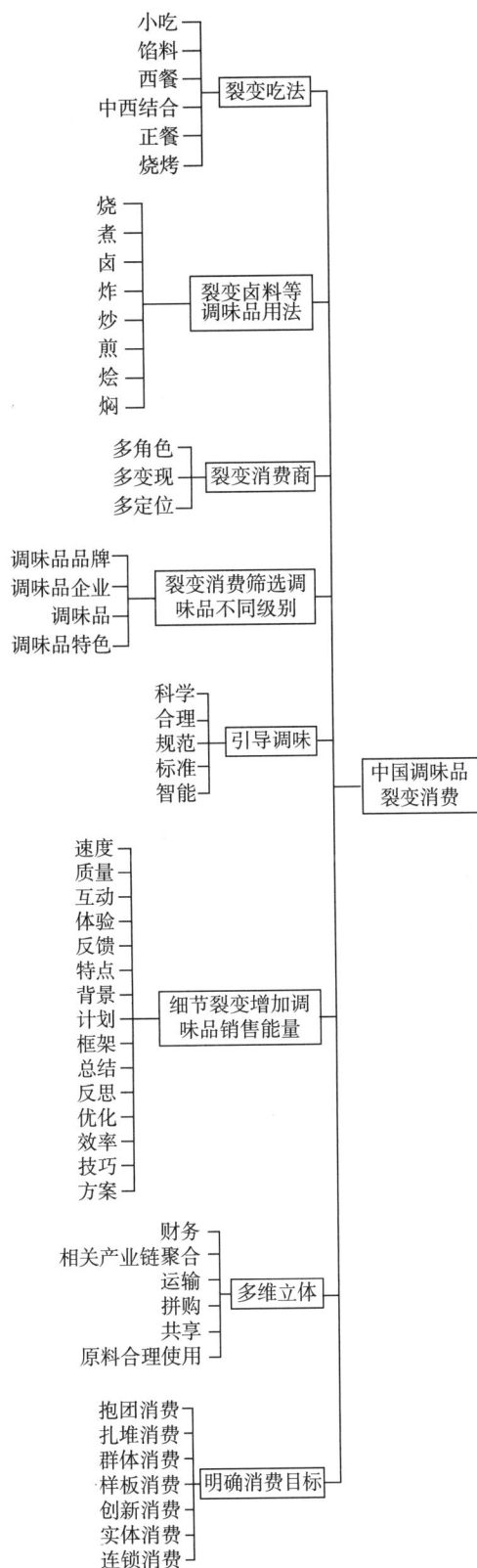

图 1-3　中国调味品裂变消费

值在于万菜共用,衍生出不同的调味价值;②调味裂变消费目标,细分消费裂变行为,实现更多的调味品创新和协调发展;③裂变消费群体,带来更多的调味价值,实现消费的数量级变化;④调味裂变在于找准机会,使调味的服务达到极致,让更多消费者满意;⑤裂变消费发散思路,创造调味的多元化、消费互动化、人人参与化;⑥将消费的细节转变成为价值和服务,外延需求不断扩展;⑦不断设定消费的数据连接,为裂变消费带动一切可能;⑧消费数据拆解使消费者目标更加明确,实现更多的抱团消费、扎堆消费、群体消费、样板消费、创新消费、实体消费、连锁消费。

2. 裂变频率

消费者对调味品的认可在于消费同一种调味品的频次。调味品裂变频率决定调味品的发展,调味品的创新发展非常关键。一种调味品可以裂变为无数种吃法,如烧烤、馅料等,卤料作为常用的调味品,一旦品质通用,烧、煮、蒸、炸、炒、烩、焖、煎、卤等皆可,可见裂变频率在于调味品本身,广泛使用才是根本。

3. 裂变流程

面对消费的快速化,调味品消费裂变流程涉及要素有:①消费数据体现出消费调味品的程度和美味分享的价值;②消费参与,消费商群体不断出现多角色、多定位、多变现现象;③消费的事件,让越来越多的消费者实现"教你做菜"的思路,让调味品找到展示的场合;④特殊需求的调味品消费诞生特殊的消费团体,实现消费的不同角度升级;⑤销售调味品的执行流程增加多个细节,如速度、质量、互动、体验、反馈、背景、总结、反思、优化等。

4. 裂变消费的定位

裂变消费的定位决定着调味品的定位,直接产生价值的变现:①高品质消费裂变和原来的定价、定位完全不同,消费认可的是高品质,如何实现高品质需要多方面来满足;②调味品利润分配方式发生变化,需要综合分析和分配;③调味品存在的问题就是如何生产产品、如何销售产品;④消费需要数据支持,销售的不再是调味品而是数据,裂变消费的定位就是数据的价值;⑤质量支撑是产生消费累积价值的关键;⑥消费的新时代将不断细化成果和产业结合,裂变消费产生源源不断的价值。

5. 裂变消费的变化

(1)裂变消费人群变化。

消费调味品的人群发生前所未有的变化:①老龄化,消费健康的需求变为低糖、低盐、低脂,不断出现更多新的个体需求;②少子化,提高调味品消费的质量,尤其是婴幼儿需求的调味品,生育需求调味品出现;③晚婚化,诞生新的消费,一人餐、个性餐需求的调味品也不断出现;④城市群化,满足需求的基层化和地区特色吃法推广;⑤乡村化,不断满足到家服务需求,乡村也如同城镇一样进入便捷的时代;⑥阶层化,出现新消费的分级、组合、创新。消费人群的变化决定消费调味的变化,从而导致调味消费裂变的趋势。

(2)裂变消费的数字变化。

裂变的数字变化让调味品不断创新需求,数字化消费促使调味品的整体产业链费用持平和下降,出现这种情况的原因是市场上多维资源的立体化组合缩小了资源的使用空间和时间,技术的进步也是原因之一,数据的简化让系统的软件代替硬件和人力的价值,提高了人们对消费调味品的认知。裂变的数字变化成就了调味品的销量,但并不一定实现调味品销售的价值,很多调味品销售的价值被弱化,面对数字变化需要做出一定的判断和决策,才能确保调味品的价值实现。

(3)裂变消费引导变化。

消费的不断增加使有规律和无规律的消费变化都阻挡不住裂变消费,裂变消费筛选出不同级别的调味品,不断完善调味品产业链发展,引导调味品科学、合理、规范、标准、智能发展,带来新消费的互动增值。

6. 裂变消费的潜力

调味品的潜力依靠裂变,只有裂变才能产生超级能量,诸多调味品品牌渴望裂变,但如何裂变却成为困难。调味品不断迭代升级的原因也是裂变,不断产生新的消费需求和未来走向,带来新的调味品消费新潮。

四、中国调味品的新消费链

调味品产业的竞争演变成产业链的竞争,凡是消费认可的价值体现,都会转变成为消费的数据体现。产生以调味品消费产业链为主而不是以企业为主的思维改变,消费更加关注调味品源头的建设,越来越多的追溯体系强化了调味品产业的立体呈现。

1. 新消费群体

消费习惯、文化程度等都会影响消费者的消费,形成不同的消费群体。调味品满足消费者的物质享受,促成链接消费调味品的方方面面,传承美味的价值并升级成为消费商,提高人们的心理和生理需求,带来健康的消费表达(图1-4)。

图1-4　新消费群体关联图

调味品消费群体发生的明显变化,促使调味品需求的消费链发生变化。持续满足不同消费群体的消费体验,促进群体带动消费。群体带动消费转变成为新消费的趋势,利用独有的私域流量促进消费的增加,提高调味消费的价值。

2. 创新消费能力

调味品消费链的变化带来更多的创新消费能力(图1-5)。尊重创新力量如重庆小面、柳州螺蛳粉、沙县小吃、兰州拉面等都是不断创新满足全球市场的案例。结合乡村振兴的必然趋势,调味品与食材在多个场合已成为典范,如辣椒国际小镇、大蒜小镇、黄羊小镇、芝麻小镇等,促进消费带动调味品做精、做深、做专的发展趋势。

3. 不断升级的调味品

调味品的发展也需要技术进步,调味品技术的不断升级促使新的调味品品种和品牌的出现,推动了餐饮行业的发展,也成就了全国调味行业的持续增长。消费是推动调味品发展的主心骨,

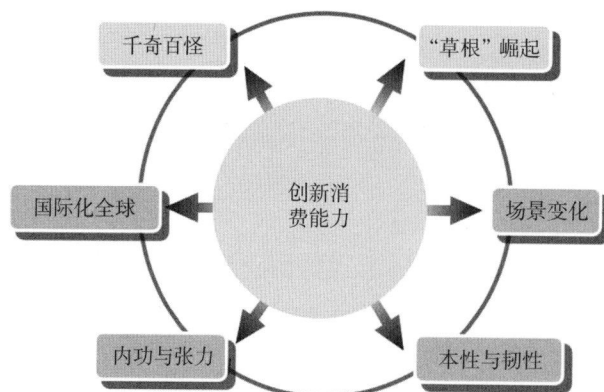

图 1-5　中国调味品创新消费能力

消费不断升级就是调味品发展方向,没有消费的变化就没有调味品的未来。

4.新供应链

①调味品产业链的竞争比较明显,调味品的竞争不断升级成为基地的竞争,更是消费数字的竞争;②调味品未来的竞争是供应链与供应链之间的竞争,同样的原料不同的供应链,竞争则不一样;③调味品源头的供应链重构、创新需求的整合、涨价的转化成为使用的最佳调整;④调味原料供应链全球化、生态化、服务化、错位化、匹配化、价值化,围绕消费需求的升级,促进了高品质调味品的诞生(图 1-6);⑤调味品供应链的生态程度,影响着调味品的竞争能力,对未来品牌发展至关重要;⑥调味品供应链的衍生功能不断细化和升级调味,实现意想不到的创新;⑦调味品的供应链是调味品的原料、源头、服务、生产、供应、消费的所有环节组成的链条,涉及供应和消费渠道、平台和传统经销商、网络和供应信息系统(图 1-7);⑧供应链是调味品生产和消费的组织形态、产业生态、消费趋势的体现;⑨供应链为消费的生产变革、创新需求、实践提升提供基础,形成围绕消费认可的高质量产销一体化、数字化、系统化、多样化、及时化、技术化系统改造趋势(图 1-8);⑩只有实现供应链共建,使其得到良好运转,才能让供应链生存下来。

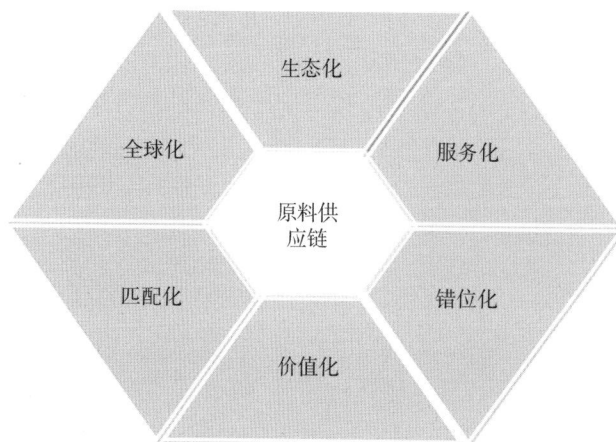

图 1-6　中国调味品原料供应链发展趋势图

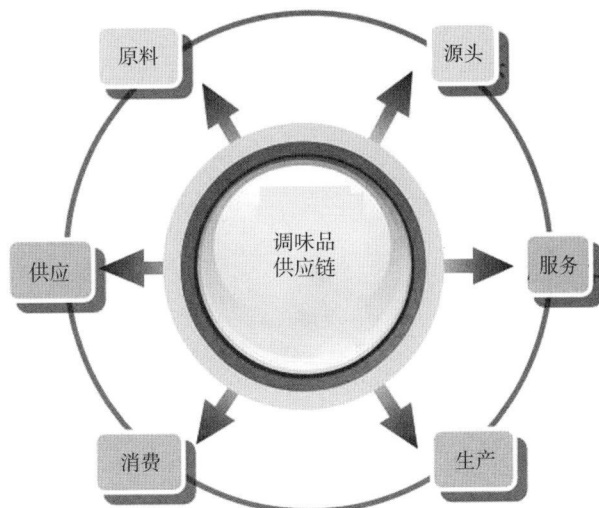

图 1-7　中国调味品供应链环节组成图

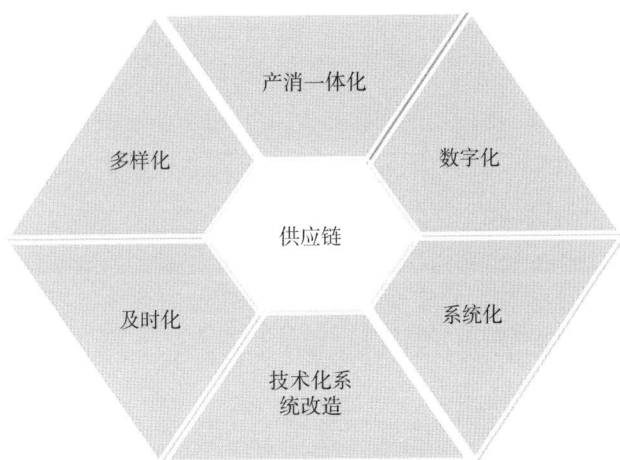

图 1-8　中国调味品供应链发展趋势图

五、中国调味品新消费热点

中国调味品新消费热点可以概括为消费商新职责、高效消费、消费体系变化、创造消费价值四个方面(图 1-9),现具体介绍以下九点。

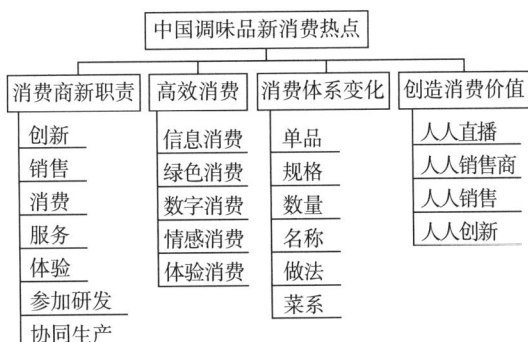

图 1-9　中国调味品新消费热点

1. 单品消费

调味品品种丰富,但调味品消费依然是单品称道,尤其是创新消费的单品,增值空间大,外延消费的资源不断增加,少数人改变一个行业格局的时代已经过去。单品制胜一直是人们消费的选择,一方面是因为消费的沉淀积累,另一方面是因为消费变化快到不能容忍新的调味品出现,只有极少数调味品成为主流趋势。调味品长期性、复杂性、可变性、不可塑性成为更多企业难以突破的点。

2. 私域消费调味品

公域流量不断出现不公平、不合理、垄断的现象,调味品真正良性发展主要通过私域流量消费的带动,如今私域增长成为关注点。私域发展拉近了餐饮、工厂、厨房、家庭之间的关系,形成一体化发展,需求点一致,调味品的使用价值增大,更加促进了调味品消费的快速发展。

3. "银发"消费调味品

"银发"消费调味品呈现线上化趋势,以满足人体健康需求为重点,这是时代的选择,也是健康消费的必然。

4. 动态消费热点

消费需求呈现动态趋势,调味品生产与消费的矛盾日益突出。突出现象是市场上的产品销不动,畅销的调味品不在市场上流通,而是在网络上的小区域中动态流行。而在疫情时期,调味品的机会增多了,消费的动态变化转变为调味品本身即会说话,进一步获得了调味的价值。

5. 消费商职责变化

消费调味品的本质就是人人都是消费商,动态的消费环境造成不确定性的需求,带动消费的本质发生变化,实现消费商的价值。消费调味品的关键因素有信息、数字、绿色、情感、体验,将传统的调味价值不断放大,围绕人类吃好实现消费商的关键变化,不断拓宽调味品的消费领域,得到新的消费价值转化。

6. 调味品竞争思维

调味品竞争思维是一个"陷阱",在调味品难以满足现在人们需要的前提下不存在真正的竞争。调味品人应敬畏消费、塑造"草根"、重拾市场,在不确定的消费中寻找确定的调味方向。

7. 高效消费调味品

瞄准消费调味品的"痛点",通过信息消费、数字消费、绿色消费、情感消费、体验消费等,解决消费调味的烦恼,提高消费调味的质量,让消费调味更加放心,自由选择合适的消费更加畅通高效。

8. 构建完整的调味品消费体系

因为消费的需求不稳定,需求状况不确定,消费调味品的未来不可持续,造成消费的变化,从不同消费单品、规格、数量、名称、做法、菜系的变化,找到适合消费认可的调味品,建立消费者认可的调味品消费链式经济特征体系。构建完整的消费体系需要地方特色的产业消费链作为基础,如重庆火锅、柳州螺蛳粉等。

9. 家庭消费调味品

家庭消费年轻化的需求不再是农贸市场等可视的消费,拼单消费催生新的消费方式,进入人人直播、人人消费商、人人销售、人人即可创造调味价值的家庭需求调味品时代,消费的速度和效率都得到了提高。

六、中国调味品新消费增长点

1. 消费不充分

现有调味品依然脱离消费者需求,消费者不接受市场上的调味品,调味品产业强而不实。做精、做深、做细的调味品具有非常重要的市场,但是都是传统的价格和利益分配,损害了调味品市场和消费的潜力,难以形成同一调味品中、高、低的竞争格局。

2. 消费调味数字化增长

做好满足调味更加方便、消费更加直接、人们更加乐于消费的调味品,带动极少数需求的量变和质变,依托消费做大数字化、做强价值化、做精调味化、做细基础化、聚焦核心化,创立会说话的调味产品(图1-10)。

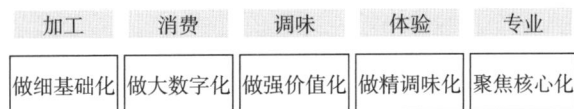

加工	消费	调味	体验	专业
做细基础化	做大数字化	做强价值化	做精调味化	聚焦核心化

图1-10　消费调味数字化增长

3. 专业增长

做深、做精调味品才能获得消费的认可,例如,更加低盐、更加方便使用、更加个性化、更加让消费者参与的高品质豆瓣酱将带动消费的增加。

4. 创新增长

调味品满足越来越多消费者的需要,包装创新体验价值更高,强化消费者记忆的香味,卫生、科学、健康且更美味,引领消费新潮流,创新消费"新味来"。

5. 人口红利增长

人口红利影响调味品的发展,人口流动频率高,消费的方式发生改变,精致消费不断增长,独立、自由、享受的调味品和餐饮出现。

6. 公共价值增长

公共性服务消费的调味品,让消费可以产生额外价值,催生更加灵活的消费和创新的消费趋势。调味品在一定程度上为人们提供公共消费服务,因为服务而产生应有的价值,创造更多的消费奇迹。

7. 性别消费增长

男女消费存在差别,男性随意消费调味品仍然是主要特征,女性对味道的需求比较苛刻。满足消费者受到尊重的调味价值,采用不同的色、香、味、形结合调味,对于不同性别消费者给予不同的服务,创新不同性别的价值。

8. 城乡一体增长

人们聚居产生的调味品消费创造出新的消费天地。都市圈消费调味品的区别很大,形成新的交叉需求,不断分享调味品的创新趋势,城镇化消费群体的变化不断传播新的趋势和方向。

9. 刚需增长

刚需增长体现在:①疫情改变了调味品的现实,消费者刚需的调味品出现,面对一日三餐需要的调味品,只能选择好的、健康的、安全的产品,这影响着消费者的健康状况,也影响着调味品发展进程;②消费调味品的创新在于接地气的场景化,不断完成消费调味品的期待;③满足消费者一日三餐的调味需求是做好调味品的前提;④家庭小型化,便捷调味品需求不断增长;⑤消费者群体的变化成为调味品变化的方向标,人类生活的水平通过调味品的发展体现出来;⑥数字化才是我们不断细化的调味时代,将调味需求的细节数字化,推动调味需求的产业革命,缩短调味品生产与需求之间的信息,让消费随处可以呈现。

第二章　全复合调味品

一、全复合调味品的新特点

1. 定制化

全复合调味品成为定制化发展最快的手段和措施,使用方面,消费频率高,是餐饮标准化必须使用的热点。在火锅标准化连锁的今天处处可见"一锅一袋"等定制化现实,全复合也就正好满足消费的认可、餐饮的认可、连锁的认可,不断实现高标准的趋势。定制化的发展离不开全复合调味品的使用,全复合化调味品通过定制化不断升级品牌价值、连锁价值、资本价值、消费价值,从而实现全复合调味品多方面的价值。全复合调味品被定制化使用可以促进不断创造定制消费的餐饮连锁诞生。中国全复合调味品新优势见图2-1。

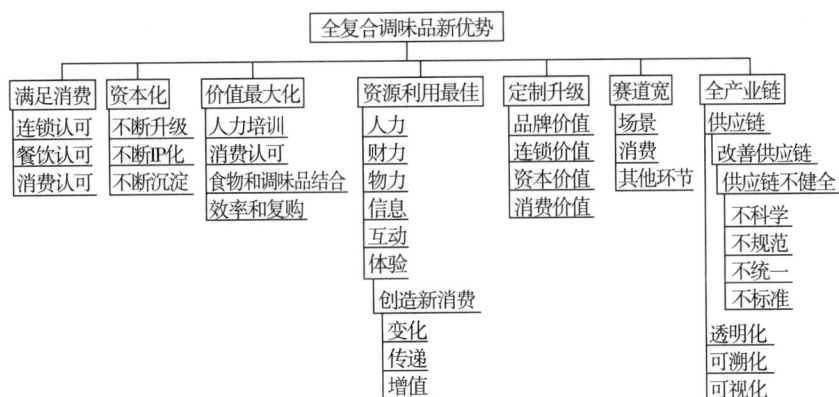

图 2-1　中国全复合调味品新优势

2. 涉及面广

全复合调味品具备一种调味品可以做上千种餐饮和菜品特点。调味品行业要找准消费的热点和需求特征,以复购制胜,创造消费奇迹。例如,串串的吃法和玩法不断升级,可以蒸、炸、煮、炒、焖、烩,也可以实现荤素搭配。

3. 赛道宽

全复合调味品适用的场景、消费、销售、环节比较多,价值广泛,可以进入的赛道宽,同时渗透消费多个领域,成为多家连锁餐饮的核心竞争力。

4. 资本化

全复合调味品催生调味的不断升级,吸引更多资本,全复合调味品带来的资本化会不断升级,形成IP,经过沉淀实现多个资本化的实体。

5. 细分多元化

全复合调味品细分消费的多个领域,呈现多元化趋势,满足人们的各种需求,越来越成为连锁需求的热点,越来越成为消费需求的热点,越来越成为未来调味的热点。细分吃的领域,不难发现好味道的共同特点在于辅助呈现食物的本味,这也是细分复合调味品的价值。

6. 结构升级化

全复合调味品的方便性可以提高餐饮和消费的满意度,优化消费结构。全复合调味品改变传统店面的结构,增加餐饮消费的竞争力,实现调味结构的升级,扩大增值空间。

二、全复合调味品趋势探索

1. 一料万菜

餐饮供应链整合趋势加快,不断实现吃法和体验的创新,越来越多的原创全复合调味品出现。全复合调味品可以实现一料万菜,增加多种消费,带来多种价值,实现多种共享。

2. 标准化

全复合调味品发展就是餐饮标准化的发展方向,不通过全复合调味品实现的标准化,不可能达到效益最佳,也不可能达到使用方便,更不可能带来标准快捷。

3. 升级消费

全复合调味品更加科学合理地使用每一种调味原料,无论是成本还是使用细节都可以做到极致。将工业化、标准化的全复合调味品做到极致的难度很大,需要从各个环节升级消费的认可。

三、全复合调味品的竞争力

1. 快速连锁

全复合调味品是连锁餐饮发展和预制菜发展的最佳助手,西餐的快速发展也得益于全复合调味品的出现,西餐使用的撒粉、番茄沙司、沙拉酱都是全复合调味品,火锅产业快速发展的核心竞争力也是全复合的火锅底料。快速连锁的发展必须要全复合调味品作为支持,全复合化是餐饮连锁的最大竞争优势之一,凡是有所作为的餐饮连锁,必须依赖全复合调味品。

2. 成本最优

全复合调味品对每一种原料的使用做到极致,简化使用过程,实现餐饮调味的成本最优。预制菜的盛行关键就是全复合调味品的快速发展,让预制菜的种类和需求不断伸向原料端和食材端,在调味成本最优的前提下实现消费链式供应和输送。

3. 价值最大

全复合实现了调味的价值最大化,全复合调味品的价值主要体现在标准化,带来的消费价值是多方面的,包括人力培训的价值最大化、消费认可的价值最大化、食物和调味品结合的价值最大化。

4. 升级消费

消费需求不断升级,全复合调味品正好解决升级消费问题,全复合调味品升级品牌价值,创造消费标杆,产生极致的消费体验,实现人们需求的互补。

5. 创新更加直接

全复合调味品的使用极其广泛,为创新消费带来可能,创新消费认可更加高效直接。

6. 资源利用最佳

全复合调味品结合所有资源所带来的价值是相互影响的,不断细化消费的方方面面,人力、物力、财力、信息、互动、体验都可以做到最佳匹配,同时还可以不断放大全复合调味品到家业务。

四、全复合调味品困局

1. 不使用盲测判断效果

可以采用盲测来判断全复合调味品的效果,但是多数人不使用这种科学方法,浪费全复合的机会,调味经验和认识不足,造成了困局。

2. 盲目认可

全复合调味品多种多样,盲目认可浪费了全复合调味品满足餐饮刚需的大多数机会。

3. 没有掌握淘汰机制技巧

如何通过消费淘汰全复合调味品是餐饮连锁的根本,一些知名品牌懂得这方面的技巧,通过淘汰机制完成全复合调味品的升级,带来新消费的认可,完成品牌升级和加盟的快速发展,不同品牌之间的竞争也在于此。

4. 消费链不健全

全复合调味品涉及原料诸多,很多品牌的供应原料不科学、不标准、不规范、不统一,导致全复合调味品品质不稳定,这种调味品存在比较普遍,需要改善,值得调味品行业的关注。

5. 执行不到位

全复合调味品需要不断升级消费的认可,创造新消费的变化、传递、增值,带来分享美味的价值,大多数使用者执行不到位,无法实现价值递增,没有带来新的消费。

6. 代表性不强

将全复合调味品用到具有代表性的领域,才能实现应有的价值,但是大多数人将其使用在代表性不强的方面,消费的结果就比较差。

第三章　中国调味品销售

一、中国调味品销售新变化(图3-1)

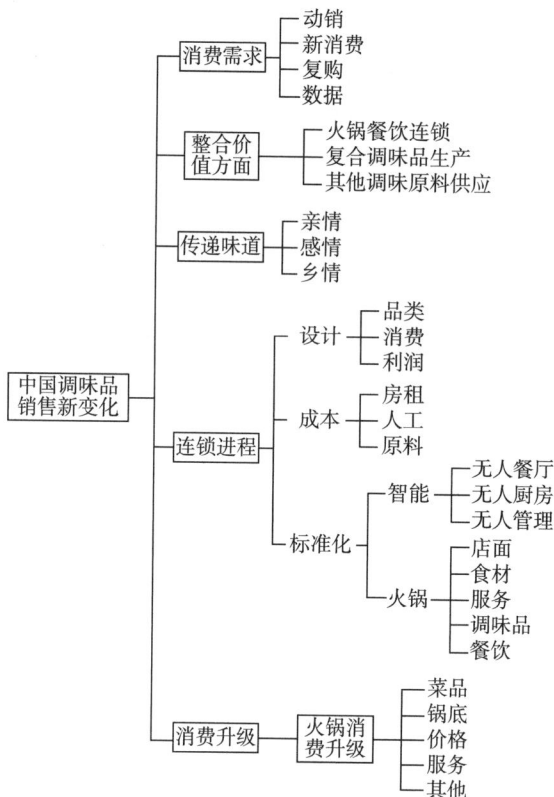

图 3-1　中国调味品销售新变化

1. 增长空间大,需求性强

由于一日三餐的需求,调味品在品种和价格两方面都具有无限增长的空间和机遇,调味品本身就是活广告。调味品具有强需求性的特点,但大多数企业研发能力和创新制造不足,不能满足消费者的刚需状态,找不到真正的增长点。如今,调味品正在朝着刚需、健康、全复合、味道说话的趋势发展,不断细化的服务,让即便是"草根"创业的品牌也具有强有力的竞争力。

2. 增值趋势

调味品的竞争对手是自己,只有将自己做到完美才能实现增值。调味作用的增值提高了消费接受度。充分利用调味原料的增值,带动食材相关的增值,实现更多吃法创新结合。

3. 生态发展趋势

调味品行业生态状况的变化,循环生态的销售变化,消费需求的动销、复购、数据、新消费,完全改变了很多企业的战略规划,更加注重环保的价值。

4. 调味主义

①调味品的本质体现调味品品牌的价值,树立调味品品牌在消费者心目中的地位,让消费者主动选择调味品;②柔性定位消费的接受程度,让消费调味品更加自由;③刚性满足消费者的需求,带来实际效益;④整合消费调味品的消费链,带动消费调味品的多元化价值和多维度产值,从侧面提高本身的品牌价值。

5. 外卖调味需求

①外卖的价位:20～40 元占比 52.25%,20 元以下 19.14%,主要价位优势为 18～23 元(图 3-2)。外卖带来人们消费的宅家场景,拓宽了消费调味品和食材的新通道;②外卖具有超强的竞争力和消费重复度,降低对源头的依赖程度,外卖的品类设计、利润设计、消费设计、原料成本、人工成本、房租成本是成功的关键;③外卖的规范化发展得到提升,引导新消费的调味品带来新消费的变数;④标准化效益增强,实现外卖的新趋势;⑤连锁规模化,扩张资本化,促使调味品个性快速增长;⑥消费商带动化,壮大外卖的实际内容;⑦消费的精神需求得到满足,安全健康美味的食物链供应创造出强有力的不可替代性,调味品将是一个服务消费的工程;⑧调味品无意义的量变不如质变;⑨根据消费做有意义的创新,坚守调味的价值,踏踏实实为调味付出。

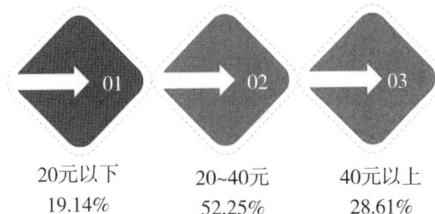

01	02	03
20元以下 19.14%	20~40元 52.25%	40元以上 28.61%

图 3-2 外卖价位及其所占比例

6. 调味流变化

①将调味品销售转变成为流控制的商品流;②调味品物流变化在全渠道实现人们的供需平衡;③调味品需要的资金转变成为资金流,根据消费和销售的结合,适时出现相应的匹配;④根据调味品产业链的金融属性,实现金融流来完成调味品产业服务;⑤销售调味品不同通路的细分,实现信息流及时转化;⑥数字流转变销售调味品,整合销售相关的所有资源。

7. 调味链变化

①调味品供应链不断细化,连接上下游,实现消费价值最大化;②调味品产业链转化成为调味品竞争力优势,将调味品产业资源整合为一体;③调味品运营链利益数字化,最大限度满足消费需求的转变,实现数字化运营;④调味品渠道链集焦化,渠道资源整合成为一个线性变化,实现渠道整体带动,一点突破,全渠道资源集合;⑤调味品品牌链不断将消费需求的因素转变成为人们比较容易认识的标志,带来消费的重复需求;⑥调味品市场链将消费需求的多种因素转化成为销售的变化,及时满足消费的供应体系,线下线上一体互动;⑦调味品销售链呈现的是数字管理,数据成为销售的最大源头;⑧调味品体验链实现调味品的动态消费和销售的结合,带来立体消费场景,让调味更加生动、现实;⑨调味品服务链将调味做到极致,带来重复消费的必然。

二、火锅调味品销售新变化案例分析

1. 火锅调味品趋势

火锅消费整体升级趋势明显,客单价增长,健康需求增加,消费升级具体体现在菜品升级、锅底升级、服务升级、价格升级。

①标准化创新需求种类多,实现了多种食材和吃法的创新;②火锅餐饮发展细节广,促成火锅产业链的兴旺发达;③全国火锅餐饮经营状况,约49%实现盈利,约21%亏损,约23%持平,7%实现相关增长(图3-3);④人力成本和火锅运营成本增加,需要提高工作方式和工作效率来完成成本转移;⑤客流不稳定,应加快火锅餐饮到家业务,实现复购的亲情化服务;⑥整体成本增加约13%,如何提高盈利成为关键。

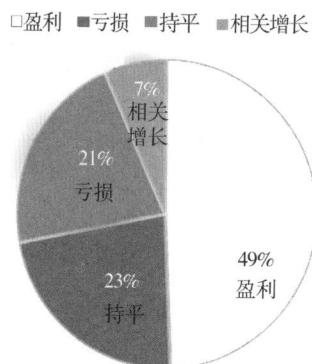

图 3-3　2021 年全国火锅餐饮经营现状

2. 红汤"天下",菌汤"为王"

红汤"天下"的川渝市场影响全世界的火锅发展趋势,菌汤成为灵魂的味道记忆,充分展现出菌汤"为王"的霸气。

清汤以菌汤为主,客单价为40~70元约占51%,70元以上约占29%,40元以下约占20%。菌汤、番茄汤、鲜火锅不断升级(图3-4)。

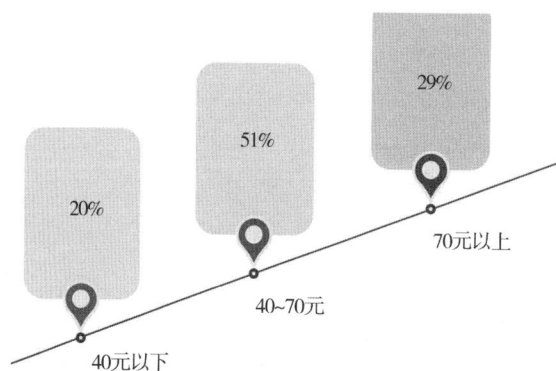

图 3-4　2021 年火锅消费客单价

3. 催生牛油和牛肉生意

①火锅增长的消费催生牛肉和牛油生意,成为火锅的主要菜品来源,主导火锅的发展;②牛肉菜品稳定发展,麻辣牛肉成为热门菜品;③牛油是川渝火锅的灵魂,在火锅调味品中具有重要地位;④市场上的牛油品质差别较大,高品质牛油亟待出现;⑤养殖和屠宰的不规范导致牛油品质参差不齐;⑥针对特殊的消费群体推出消费认可的牛油;⑦根据牛的种类、产地特点、不同部位等推出不同特点的牛油。

4."鲜"的趋势

不同消费需求的新鲜不一样,出现鲜货火锅的趋势和消费,在所有的火锅店都会出现"鲜"这个字。鲜牛肉在菜品中占据高位,达到71.5%的认可度,新鲜程度影响火锅店品质,新鲜火锅都还有长足的发展空间。

5. 标准化必然,产业链竞争不断

连锁的火锅需要标准化引导发展,实现人们消费的数量级变化,尽量减少食品加工和消费对接过程中不必要的人为干涉,实现无人餐厅、无人厨房。供应链的不足导致肥牛等难以满足消费需求,出现更高品质的牛肉是必然趋势,牛肉的供应链前移趋势明显,迫使标准化牛肉加工升级。

6. 虾滑增长最快,毛肚不断升级

高品质的需求和口感、风味、滋味的结合,使虾滑消费快速增长。毛肚是火锅的名菜之一,人们对毛肚的需求正在升级,带来更多变化。

三、中国调味品销售的竞争态势

1. 务实销售

销售务实才能获得订单,线上数据更加快捷、高效、实用,单一环节的销售处于无效的地步。"网红"思路不再延续,更多的是垄断资源等,让整个行业的良性发展受到阻力,长此以往难以获得利润增长点。

2. 自带"流量"

调味品需求越来越强大,依靠调味品自带流量发展成为必然。调味品是刚需,而自带流量针对可以满足消费认可的调味品。

3. 曲线增长

调味品因为消费而变化,呈现曲线增长,下沉消费带动的菜品和小吃、快餐、服务、加盟增长。直线性增长的可能性是不存在的。

4. 运营结合力增强

调味品销售依靠的资源发生根本性变化,围绕消费的营运结合能力增强,内容增加,销售不再依靠传统思维来实现。

5. 网络平台优势在减弱

网络的公众流量在弱化,调味品行业需要深思消费的数字变化,调味品本身才是价值体现,做好调味品本身非常关键,也是实现消费的主旨,重复使用才是调味品销售的根本。调味品的竞争转移成为消费链的竞争,调味销售途径见图3-5,调味品的核心是内容制胜(图3-6)。

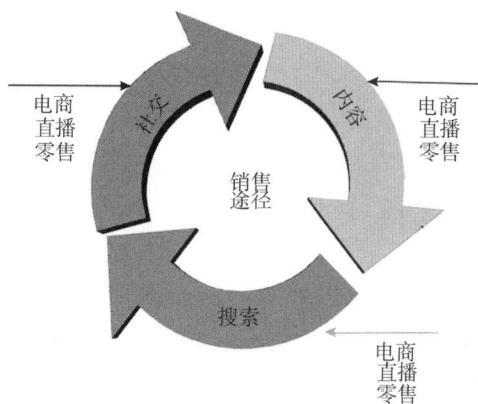

图 3-5 调味品销售途径

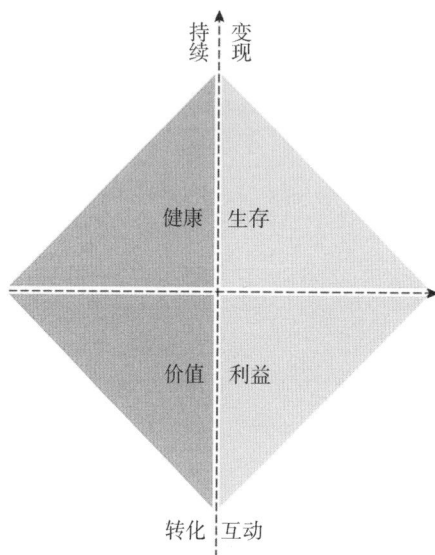

图 3-6 调味的核心内容制胜

四、中国调味品需求变化(图 3-7)

1. 不断创新调味品吃法

依靠吃法生存的调味品满足人们的刚需,带来消费的认可,只有不断创新消费的调味吃法,实现重复消费,才能带动调味品的不断深入发展。

2. 大企业增长放缓

①大型调味品企业对消费者吸引力下降;②国际调味品巨头赛道变型,开始加码整合相关餐饮的力量;③定制需求不再是一般企业的选择,各种餐饮、食品生产企业和调味品都有相互定制的趋势,相互整合对方资源。

3. 消费调味认知的增长

新消费高速增长,调味品消费的依据是消费者需不需要。消费调味不仅是调味品本身,还需要创新体验、传递分享的加持。

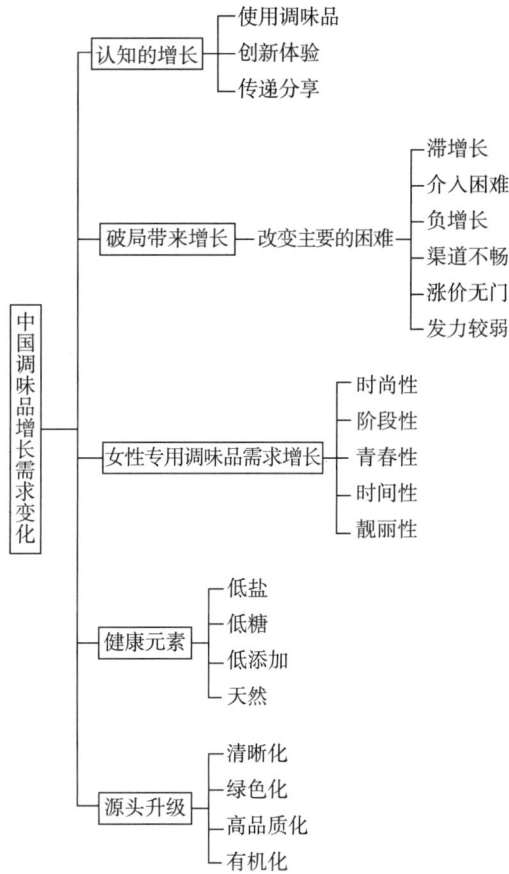

图 3-7　中国调味品需求变化

4. 健康需求增长

饮食是否健康影响我们每天的生活状况,我们必须做到饮食的健康才能正常生活。营养健康是所有消费者对健康细化的要求,在吃到的食物中还体现出延缓衰老的健康需求,弹性消费的健康需求,不是总强调的健康调味,需要与日常生活所匹配,个性化需要的健康,如指定不需要味精的食用。不确定形势下的确定发展方向就是健康。调味品对健康需求的诠释见图 3-8。

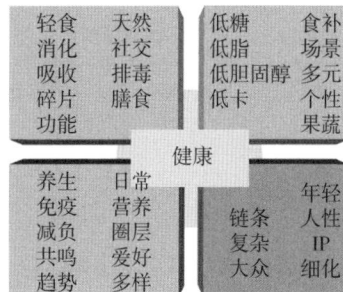

图 3-8　中国调味品诠释健康

（1）健康需求增长的表现。

①健康需求增长表现为家庭消费,过去是吃饱,现在是吃好;②因为不同需求产生的细化消费增加,推动健康调味的增长;③多元化健康需求增加;④消费者意识到吃健康的重要性,药食同源

食品调味品如天麻鸡调味品、铁皮石斛调味品、三七炖鸡调味品需求在增长,食疗需求倍增,国家也在根据需求不断进行修正引导;⑤对品质糖类调味品需求加强,如从橙皮苷、甘草、甜菊等植物中提取出具有甜味的物质;⑥低脂调味需求增加,食用油脂的使用减少;⑦均衡营养的需求增加,实现全方位的营养需求的调味;⑧特殊的人群如老龄化人群健康消费需求增加。⑨利用调味的部分潜能,采用先进技术抗衰老等,赋能调味科学化的价值,迎合女性消费调味的不断变化,为女性提供专用调味品;⑩调节肠道健康等功能性调味品出现。

（2）健康消费的场景。

调味品使用场景的扩张和细化带来了新的健康需求消费,强化了调味品的"说话"能力,让健康调味的需求变成随处可见,增强健康消费意识,强调健康刚需的调味内容,递增消费的健康需要。

（3）健康消费记忆。

调味品特有的香味可以带动调味品的健康消费,促使可以增强消费记忆的健康香味研发增多,诞生越来越多优秀的调味品,带来安全、放心、健康的消费,同时还有代代相传的美味接力。

（4）精准满足消费健康。

可以衡量健康消费人群的标准不断明晰,精准满足消费的认可,消费场景围绕健康需求,叠加体验实现健康目的。

（5）细分健康消费。

细化调味品健康价值的数据,针对性获得数据,促进调味健康的品牌发展。将调味品健康评价数据化,科学理解消费者健康调味需求,实现调味数据衍生,创新消费健康的新亮点,从源头进行创造,把调味品的每一个细节做到极致,让消费者对调味品有清晰的认识。

（6）复合调味健康。

复合调味品升级明显,改变了传统的消费认知,复合调味比单一组合消费会更加健康,消费起来也是非常方便的,再加上成本最佳原则,使资本更加青睐可以满足消费者刚需的复合调味品,复合调味健康保持高速增长。

消费者需要的健康元素有低盐、低糖、天然等,调味品的健康程度决定其是否能够长期存在,一直追求健康调味的企业的调味品消费频率更高,重复消费的次数也会越来越多。疫情影响下,健康消费的大趋势更加明显,只有健康的调味品才能得到消费者认可。

五、新崛起的调味品航道

1. 麦酱行业

麦酱具有独特的风味和口感,在传统酿造的基础上增加特色的做法,产业化创新认可程度高,但麦酱是一个没有被深度开发的产品,做好麦酱的意义重大。

2. 辣椒行业

不同品质的酿造辣椒,尤其是二次发酵困难辣椒的加工,在一定程度上没有机会,做高品质的辣椒,还需要有针对性地选择原料和加工方法。辣椒产品多而不精,不同品质的产品,价格相差非常大,大多数辣椒需要升级做法,提高品质和卖相。

加速发展国家级辣椒工程技术中心来强化国椒的品质,开展国家级辣椒研发基地,提高辣椒加工的科技含量,深挖辣椒精深加工的附加值,打造世界级辣椒加工标杆企业,通过消费和数据、加工和销售、消费和餐饮的产销对接,多层面创造辣椒多方面的功效,宽领域拓展辣椒在日化、医药、养生大健康、食疗保健等方面的辅助作用,巩固形成辣椒行业品牌,带动多个地区形成辣椒生态链产业。以乡村振兴为主建立辣椒加工品牌示范基地,带动辣椒加工品质和辣椒品牌双创,不断提高辣椒深加工比重程度,为消费辣椒产业做好表率。引进国际型企业和高品质的项目就近加工,将辣椒酱、鲜辣椒、辣椒粉等做精、做深、做专来提高辣椒加工的附加值。生态、安全、优质、高效地生态化发展辣椒产业,带动示范建设,引领全球消费辣椒趋势,采用辣椒指数引导市场,为人类吃好辣椒食品做出巨大贡献。

吃好、吃科学、吃健康才是未来的发展方向,麻辣火锅底料辣度量化及等级划分 DB50/T 870—2018 诞生标志着重庆火锅地位的提升,为标准化重庆火锅走向世界奠定了基础。中国检验检测学会团体标准《T/CSIQ 77002—2020 含辣调味品辣椒素类物质含量的测定及辣度分级》又进一步为人类科学吃辣指明了道路。李氏辣度已经成为数据化、科学化、具体化、专业化的辣度量衡标准。

鲜辣椒加工成为未来的发展趋势,具有广阔的需求和创新机会,需要从不同角度来深度开发、创新、生产、引导,鲜辣椒的辣味明显,可以在常温下保持辣味稳定,延长辣味留存时间(图3-9)。

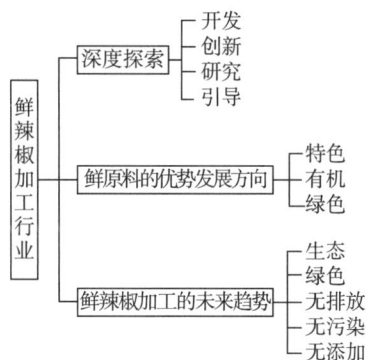

图 3-9　鲜辣椒加工行业趋势

3. 高品质盐类行业

高品质食盐是人们吃好的选择,主要针对于没有添加抗结剂的高品质食盐,是人们在消费过程中发现的新商机。

餐饮变向增长的趋势比较明显,新的餐饮消费带来新的价值,反映了餐饮淘汰加速,消费变化加速,销售调味品也加速的现象。未来调味品将持续化解危机,不断体现调味的价值,净化调味结果,创新持续消费价值。本味需求依然火爆,但是稳定性较好,本味就是调味的最高境界,调味品完成的最佳价值就是赋予本味,消费者需求的最佳定位也是本味。未来的餐饮依然具有不确定性,餐饮根据人们不稳定的消费,存在模糊的消费选择,调味品的发展也没法确定。

六、调味品销售处境

一成不变的调味品企业将会面临困境,快速满足消费的时间、空间、实践发生巨大变化,调味品企业要走出困境,就必须认清形势,找到消费的点、线、面(图3-10)。调味品产业不是分一杯羹,而需要不断细化升级。

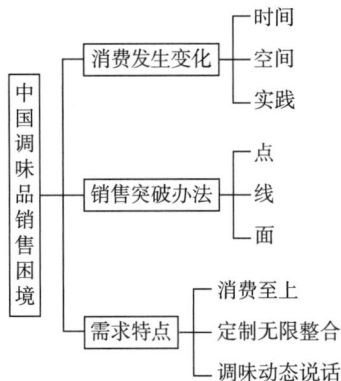

图 3-10　中国调味品销售困境

几家调味品企业的发展不能代表一个调味品行业的发展,更不能说明整个行业的问题,一定要全局性分析行业存在的机遇和挑战。调味品在餐饮中发挥的作用越来越大,对餐饮业带来的机会也越来越大,行业需求的特点不断上升为消费至上、定制无限整合、调味动态说话。行业主打产品做不到极致,再怎么开发新产品也注定会失败。大多数调味品企业业绩下滑总是无法找到原因,调味品的整合在于消费,但是实际生产的是个性化的复合调味汁,这才是未来调味品的机会。

社会资源集约化发展,促使整体效益都得极致使用,只有依据消费者的认可来做调味品才可以成功。重视基础研究的调味品企业发展很快,因为基础研究是调味品长青的基石。调味品需要沉淀和不断修正才能满足疫情期间的高标准,把基础研究转变成为调味品的竞争力,行业复合化加速,高效化智能,消费化可视,健康化可溯,对调味品长期持续进步是有帮助的。

七、调味品动销创新趋势

调味品离不开餐饮,餐饮的发展也离不开调味品的变化,调味品为餐饮发展起到了关键性作用。了解调味品与餐饮之间的关系可以充分解决美味传递的共生、共享价值(图 3-11)。

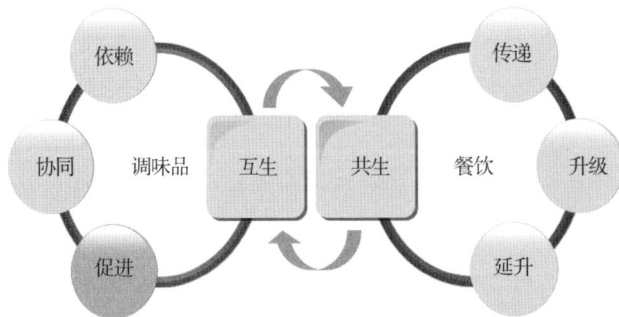

图 3-11　中国调味品与餐饮的关系

1. 中国调味品直播
中国调味品通过直播转化成为相应的热点,满足信息快速发展的消费需要(图 3-12)。

通过直播将短期效益转化成为长期价值,直接影响调味品销售,成长为优秀品牌(图 3-13)。

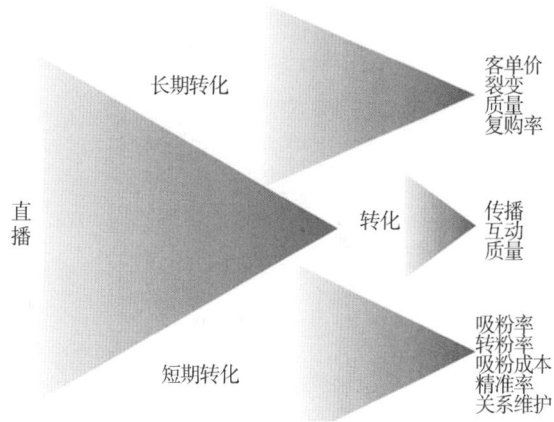

图 3-12　中国调味品直播转化

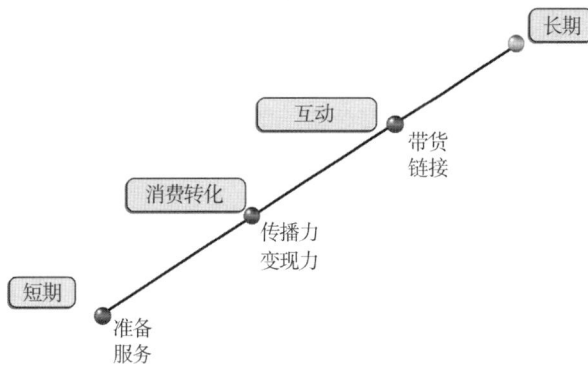

图 3-13　中国调味品直播短期效益转化成为长期价值

中国调味品直播平台,使调味品行业进入动态化消费调味品的新时代,助力调味不断细化消费、销售和体验(图 3-14)。

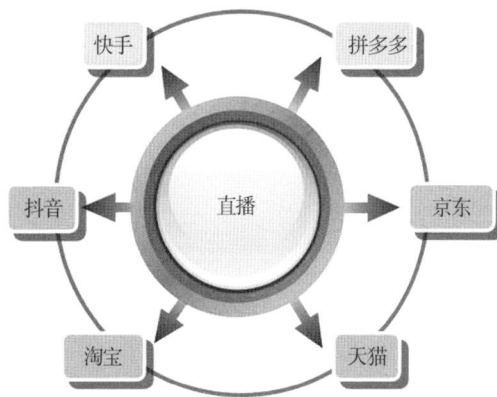

图 3-14　中国调味品直播销售平台

2. 中国调味品电商

中国调味品电商平台给消费者更大的收益,得到了众多消费者的认可(图 3-15)。

3. 中国调味品聚焦点

中国调味品未来发展的聚焦点,体现出调味品的巨大潜力(图3-16)。

图 3-15　中国调味品电商平台

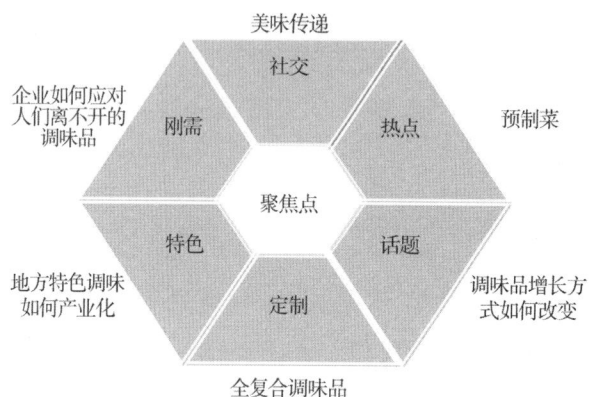

图 3-16　中国调味品聚焦点

第四章　数字与调味

一、销售数字时代来临

数字时代的最大特点就是高效,数字转化成为产品的能力强,要做好这方面的工作,就要研发经验和数字结合,数字调味技术为调味工作者带来更多办法和措施。数字调味技术诞生于消费者和生产者共同需要消费数字的前提下,依靠数字指导来完成消费者需要的调味以及调味品生产、销售、配套服务等。

调味的依据是数字,将市场上的需求转化成为数字,消费的行为转化成为数字,消费者对调味品的需求转化成为数字。调味品生产的工艺、配方、时间、温度、湿度等均以数字形式体现出来,数字特征更加高效,可以将调味品多种表达转化成为量化指标,实现高效生产、消费极致动态迫使数字化升级,在调味品的前端和后端均需高度数字化来匹配,只有以数字的指标来衡量调味品的效益,才能完成调味品的作用。数字化的调味品规律明显,满足消费的数字传递,实现更高效、更便捷、更美味、更体验的调味。

1. 中国数字化消费调味品

数字化消费调味品让调味品找到最佳的销售办法和措施,自带消费能力才是调味品的主要作用。数字化改变了调味品全消费链,为诞生新型调味品提供了条件,如番茄、辣椒、花椒等出现新需求、新消费、新认知。数字化消费调味品带来新销售,新销售数字化服务消费的结果。数字化调味品源于消费,同时也是为消费服务的,涉及调味品的整个消费链过程(图4-1)。

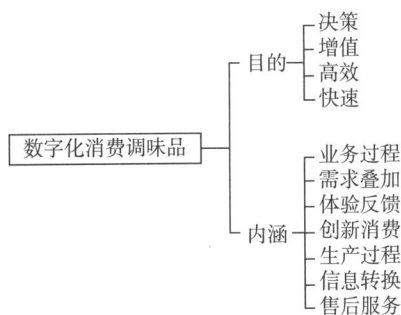

图4-1　中国数字化消费调味品

2. 中国调味品数字化消费赋能(图4-2)

在调味品消费过程中做到数字化、链式状态化、消费透明化、无人智能化、反馈及时化,根据人们的需求不断调整数字变化,赋能调味消费链从而实现增值。消费的数字化对于终端消费者、销售商体验服务、消费链式供应和输送、消费价值转换、消费调味的便利和价值、升级生产调味品系统管理的全产业链表达有重要意义。聚焦解决消费成本优势、智慧资源整合、渐进性升级消费、实践性消费特点、创新消费案例体现、消费新思路和模板借鉴,为消费带来新的创新奇迹。

数字化消费赋能
- 一体化
  - 销售商
  - 品牌商
  - 服务商
  - 消费商
  - 生产商
- 改变调味品的效率
  - 链式状态化
  - 消费透明化
  - 无人智能化
  - 反馈及时化
- 数字
  - 升级生产调味品系统管理全产业链表达
  - 终端消费者
  - 销售商体验服务
  - 消费链式供应与输送
  - 消费价值转换
  - 消费便利调味价值
- 聚焦解决消费调味品的奇迹
  - 消费成本优势
  - 实践性消费特点
  - 创新消费案例体现
  - 消费新思路和模板借鉴
  - 智慧资源整合
  - 渐进性升级消费

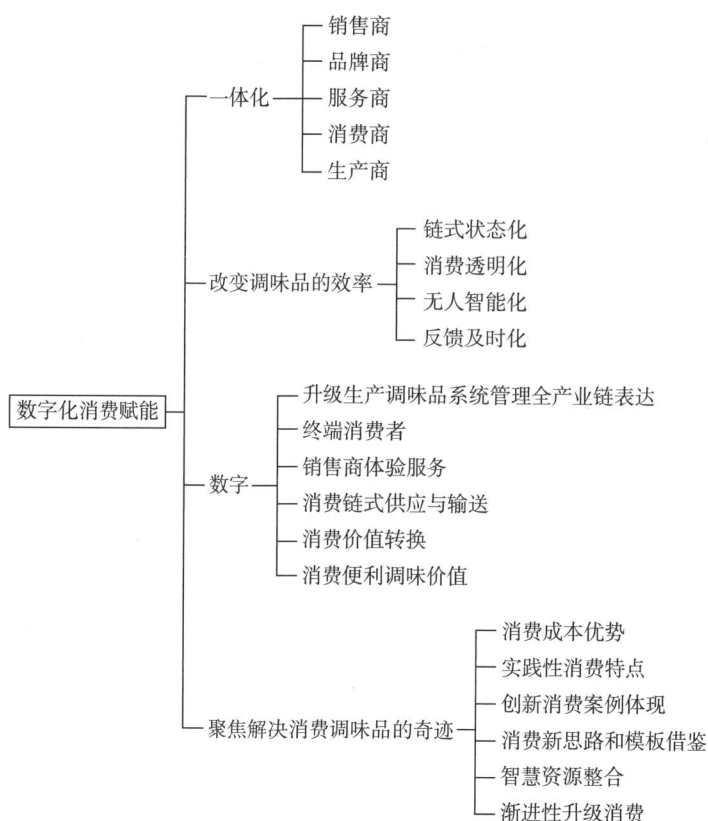

图 4-2 中国调味品数字化消费赋能

3. 中国调味品数字化消费升级（图 4-3）

什么是数字化？即投入一些软件代替硬件的全程控制、生产过程控制、追溯体系、系统维护、数据保护和安全保障信息化建设。如何实现调味品的数字化？需要围绕调味品消费进行，以消费来衡量调味品生产的现状和未来，采用数字分析、判断、预测、总结、展望所有调味品环节，预判调味品趋势，依靠数据完成企业的生产、管理、销售、供应、售后服务等，提高效率，缩短响应时间实现高效决策。整体消费调味品链式经济指标化、可视化、精细化、全域化、协同化、创新化，是效益体现而不是为了数字而数字。制定消费认可的长期规划战略，将数字化用到刚需的刀刃上，才能解决调味品产业遇到的问题，在消费需求方面取得突破。

4. 中国调味品数字化配置

消费者新消费的需求也可以快速实现配置，云计算快速完成系统升级，让销售调味品和消费之间的数字快速对接。消费的逻辑是味道会说话，消费带动的调味变了，消费的主动权越来越大了，调味品销售的价值转变成为服务的价值，服务消费的新角色转变了，调味实现的服务关系提高消费的呈现价值和效益。

5. 中国调味品数字化效率（图 4-4）

快速高效配置消费者需求的调味品信息，让调味品和消费者之间的效率大大提高，销售的结果并可以随时跟踪和修正，服务的增值不断放大、放宽、放准、放实。

调味的服务价值越来越大，个性化定制的调味品越来越值钱，链接消费刚需的个性得到满足，

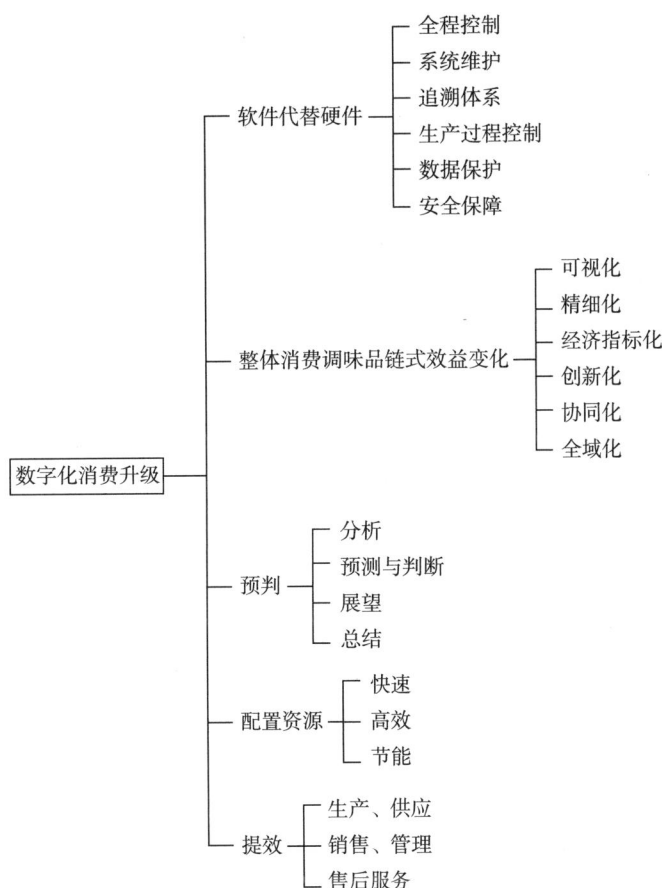

图 4-3　中国调味品数字化消费升级

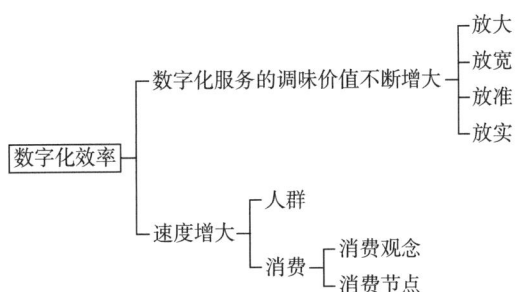

图 4-4　中国调味品数字化效率

满足消费认可的点对点服务,没有了调味品经销传递的烦琐,直接产生没有中间环节的附加价值。囤货、串货、价差思维、垄断行为等不断被创新价值最大化消费流所代替。

6. 中国调味品数字化链接(图 4-5)

数字化链接消费调味品生态链,涉及调味品的消费、研发、生产、销售、体验等多环节,建立终端消费商、经销商、生产商、消费商、服务商等数字化链接,快速知道每个环节的优势和弊端,进而加强薄弱环节的维护和建设。调味品的生产并不是过剩,而是生产和消费需求之间的数字误差,这就导致市场上的变化比较激烈,新的消费产生的数字很难被企业消化,消化速度较慢导致人们的认知难以满足消费者的需求。不断扩大消费的新亮点和需求,带动新消费的供应链和消费链,

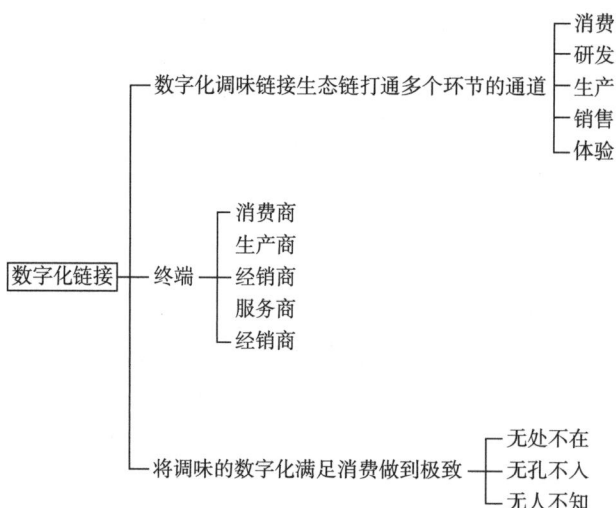

图 4-5　中国调味品数字化链接

形成数字消费的新价值,数字化消费调味的细节存在找漏洞和补漏洞的机会,加强消费的对接,带来惊人的结果。

7. 中国调味品数字化执行力(图 4-6)

　　建立调味品终端消费的一手数据更高效、更有执行力度的链接,数字化带来的销售执行力,直接转化成为重复消费的数字表现,带来调味品领军企业的示范作用。调味品生产的智能化、智慧化、集成化、赋能化、绿色化、高效化、快速化、可视化的执行力数据化,数字化来解决供需矛盾。

图 4-6　中国调味品数字化执行力

8. 中国调味品数字化多元价值(图 4-7)

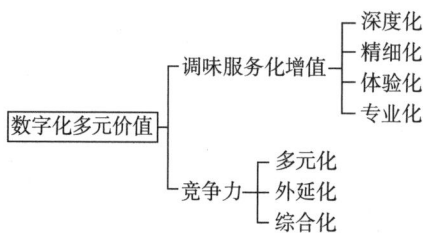

图 4-7　中国调味品数字化多元价值

调味品的使命是满足消费需要,调味品的"品"是打磨出来的,在于调味品的诚信经营,为消费认可的调味付出一切,助推经销商的职能转变,实现全链数字化高效,服务商和消费商的综合体转变,多元化提高价值呈现。数字化提高了多元化调味的管理水平,完成数字化的短期趋势,找到优势销售调味品的办法,更多的经销商转变成为服务增值,将餐饮和调味品有效结合,实现调味深度化、精细化、体验化、专业化,提高调味品消费终端的竞争力。

9. 中国调味品数字调味技术系统化

涉及调味品研发的所有数字均可以做到系统化,为传统调味品研发降低难度,研发和企业决策层根据数字来完成,让研发人员的效率更高,实现共享研发。数字调味技术盛行,给消费带来多方面的助力,让企业投入最少产出最多,为消费者的需求做到精准服务,发挥消费的主动性。消费者需要的是调味的数字,调味品企业需要的也是消费的数字,追求一致的消费数字。数字调味技术是新的消费快速变化的产物,是调味品新消费时代的一场革命。

二、调味数字化的具体体现

数字化可以提高调味品行业的管理效率,降低轻量化成本较,互联消费平台可以实现厂商及时变现,消费相关伙伴互联互通,数字化快速分析促进调味品定制加码,使高品质调味品开始进入流通(图4-8)。

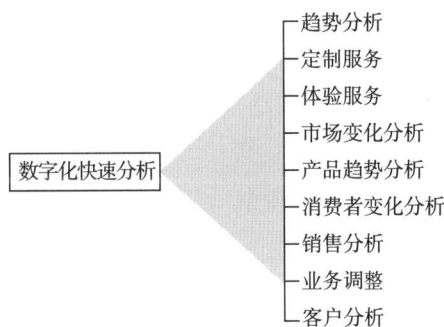

图4-8　中国调味品数字化快速分析

1. 实践变现数字化

实践变现数字化,不断沉淀和思索调味价值,专业为消费带来额外价值,管控有效消费的调味链,打通消费的直接呈现,将消费、销售、生产、研发等环节融合成一体的数字表现,数字化是不断升级调味产业,使其持续发展的迭代利器(图4-9)。地方特色调味品可以实现大产业发展,如四川钵钵鸡等,地方特色在积累更大的力量。

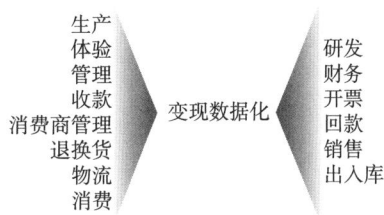

图4-9　中国调味品变现数据化

2. 增长数字化(图4-10)

餐饮企业带动调味品持续增速发展,连锁执行力加速对调味品全复合化的依赖,万店共享调味技巧已经变成现实。餐饮增长的速度越快,对消费的品质要求更加苛刻,丰富的餐饮做法不断催生新的调味品复合化、标准化、智能化、规模化、效率化,创造餐饮新的消费增长。

图4-10 中国调味品增长数字化

3. 预制菜数字化

中小餐饮发展困难,开店成本增加,消费带来的收益反而下降,即便是大型餐饮企业离开标准化仍然困难重重,预制菜肴不断增加餐饮店收入,带来了新的机遇,每个餐饮店都要牢牢把握这个机会,菜品连锁不仅仅是菜品,还需要不断提高餐饮服务体验让餐饮店的预制菜肴成功立足消费,工厂化的预制菜肴需要餐饮店执行、展现、体验,实现动态消费。

4. 城镇消费数字化

新乡村振兴创造地方特色的消费典范,带动消费增值,局部人群消费的数字化对于精准服务消费者有非常重要的作用,拉动了城镇、乡村、区县、城市的不同级别、不同需求、不同选择的调味品数字化销售。

5. 数字化不断升级

数字化不断升级调味品和餐饮消费的关系,不断提高复合调味品的标准化、复合化、连锁化、价值化、效率化、复制化、供应链流程化、加工规模化、体验极致化、单品精致化、利益绑定,区域自治,助推消费商的价值得到实现。

6. 连锁数字化

小吃连锁扩张快速,可以降低成本和提高销量,加工配套工厂直接到达加盟店,减少中间环节,实现统一价格、统一结算、统一利润。调味品助推餐饮连锁,借助数字化实现销售和消费。

7. 共享数字化(图4-11)

调味品经销商连锁化、联盟化、价值一致化,保证消费者利益的一致化。共享消费调味,销售调味品,共同产生价值和消费满意度的数字化。

三、数字化改变调味品销售

1. 群体销售

根据群体消费特点呈现的数字发现,过去面对个人直销升级为群体直销,个人特征转变成为群体特征,销售的基数发生巨大变化,因此出现了方便即食调味品以满足更大的消费群体,带来更

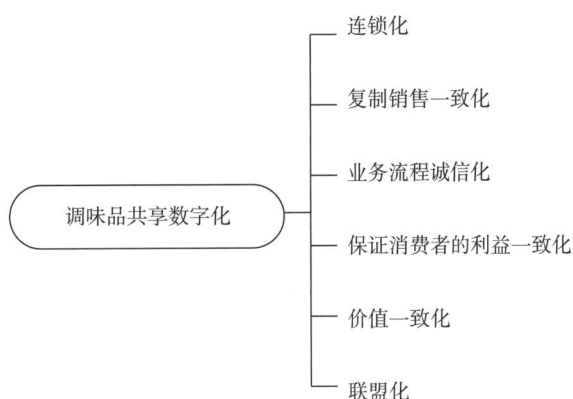

图 4-11　中国调味品共享数字化

加现实的消费利益。

2. 全复合标准销售数字化

方便快捷的全复合调味品成为助推预制菜肴发展的主要动力,正在稳定发展到多个消费领域,在调味消费过程中起到中流砥柱的作用,主要体现在消费端和供给端,消费端的变化是要素重合多维推动,在方便的基础上增加健康、安全、美味、颜值、性价比的消费人群,新的消费群体增加了消费的金额变化。

3. 场景销售数字化

消费场景的变化是随机出现的,消费者流动幅度大,使消费端的变化不断创造新的内容(图 4-12)。

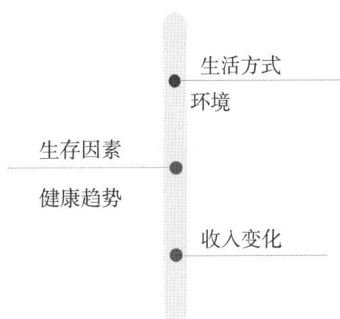

图 4-12　中国调味品场景销售数字化变化因素

4. 迭代消费数字化(图 4-13)

利用数字化创造消费者认可的全复合调味品、消费数据链,实现消费复购和全复合调味品升级迭代,主动拉近与消费者的距离。短视频消费体验带动新的品牌出现,创造新消费的吃好记忆、变现、复购。工业化、规模化是人们吃好必须完成的任务,不断升级数字化调味品趋势和方向。数字消费调味品会更加理性,享受个性化消费的快乐,实现消费价值的传递。

四、企业如何应对数字化时代

1. 价值思索

调味品行业需要不断思索消费需求的价格和价值与实际价格和价值之间的差距,时间是调味

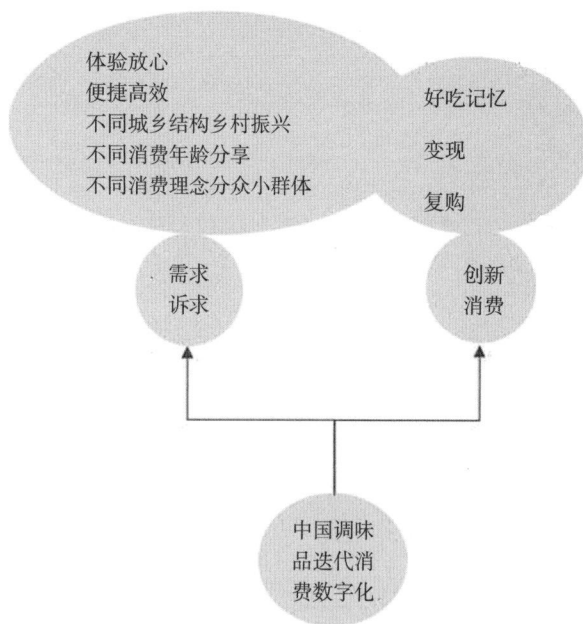

图 4-13　中国调味品迭代消费数字化

品价格和价值转化的试金石。

2. 话语权

调味品的均价一直上涨,这就需要提高调味品的核心竞争力,增强调味品消费的话语权。

3. 迭代更替(图 4-14)

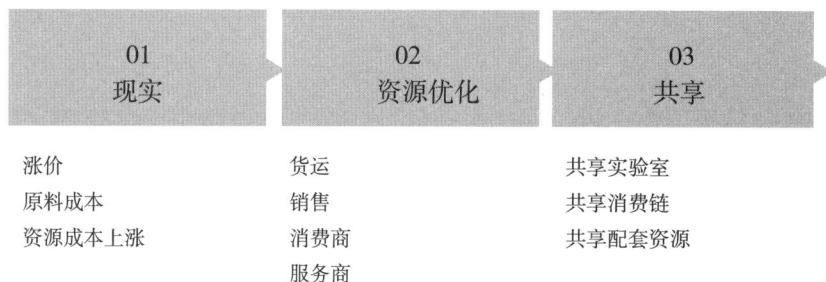

图 4-14　中国调味品数字化迭代更替

　　调味品行业想让调味品成为人们的刚需,但是关于调味品安全、健康、美味的研究并不多,尤其是调味品基础研究跟不上市场的需要,无法实现价值升级。价格战已经过时,只能通过数字化研究实现调味品的迭代更替。

4. 新餐饮

　　新餐饮需求导致更新鲜、更美味、更健康、更安全、更体验、更便捷的调味品的需求增加,预制需求调味品和餐饮结合成为亮点和热点(图 4-15)。迎合调味品个性化、自由化、一次化、便捷化、小规格化的小包装趋势,体验升温感情化、消费颜值高,健康消费化、高端化、尊重化。

5. 狠抓加工

　　食品加工工厂就是餐饮的中央厨房,将调味品和餐饮联合、联盟、链接,促进食品工厂的规模

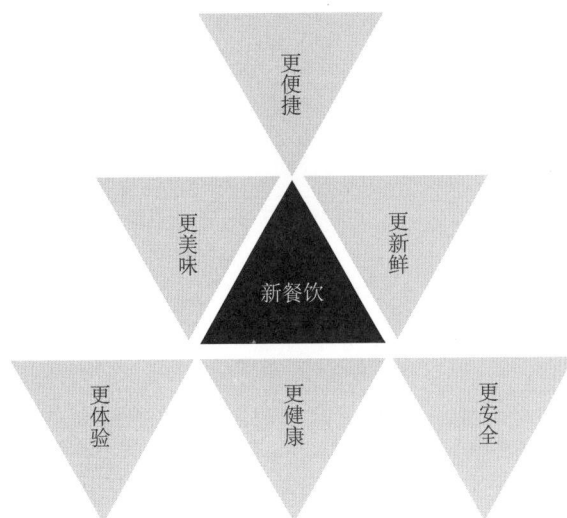

图 4-15　中国新餐饮需求调味品的变化

化、标准化、批量化、复合化、便捷化,这是调味品和食品企业生存的主要原因。狠抓餐饮、调味品、食品工厂,整合三者资源,提高生存能力。

6. 众智相谋

个人思维难以改变调味品整个行业的趋势,众智创业的调味品企业将会不断出现,让厨师、厨艺、调味品说话,不断满足人们的高品质需求,创新调味品的价值,带来新消费的机会。

7. 智能化生产

智能化并不是单一的手段,还有更多全生态链的细节管理,智能化生产并不能代替一切。智能化带来的不一定是降低成本,还有食品安全、规范化、标准化的新突破。在消费者的心智得到实现的前提下智能化才有意义。一个调味品得到全世界认可,销售数量巨大,为便于更好地管理才进行智能化。

8. 热潮变化(图 4-16)

调味品资本热潮不断,出现了国民健康需求的低盐、低卡、低糖、低脂等消费热潮,上市企业依靠兼并和涨价获得股东利益最大化,价格上涨自然盈利,年销售达到百亿的企业优势明显。在基础研发的持续投入效果得到体现,调味品的价值不断增加。

五、数字渗透调味品全产业链

1. 数字与数据

数字涉及社会化、社交化、直观性、效率高、精准到人、私域、多环节、互动、科学管理、链接、转化、有效性、覆盖广泛、变化显著、趋势等因素,对调味品数字化具有非常重要的革命作用,销售的不再是调味品,而是数字(图 4-17)。数据是数字化的必然,消费的数字信息就是数据,也是销售调味品的最有效手段。

2. 数字需求调味品(图 4-18)

社区团购调味品诞生新的数字,将需求数字化为社区电商、社区零售、社区服务,其中最为关键的就是调味品,升级满足社区生活的也是调味品。调味品行业应充分利用调味品的多用途性和

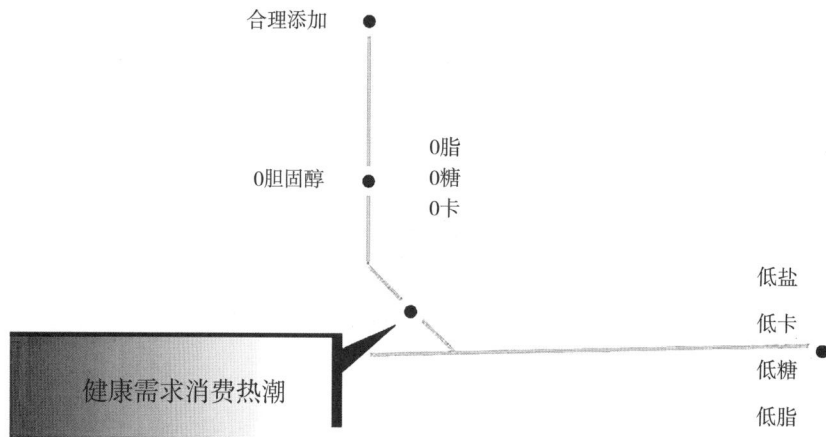

图 4-16　中国调味品健康险需求消费热潮

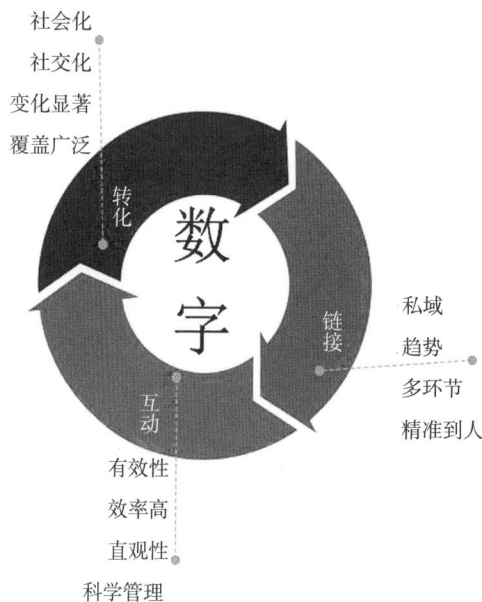

图 4-17　数字含义

美味传递价值。通过数字渗透调味品全产业链,获得调味品全产业链竞争的优势和办法,体现头部调味品及其相关企业的优势。

3. 调味品数字营销

①绿色原料数字化来源,如自建基地保证源头安全,严控品质确保消费数字引导人们吃好的方向标;②体验式的调味展销活动,增加满足重复消费的数字化营销手段;③通过数字化来完成稳定的调味品规模化生产,提高质量作为消费保证;④规模化引导调味品全产业链数字化,将数字化转化成为集群化、高端化、国际化的上等调味品;⑤通过调味品与预制菜组合创新,完成与数字化调味品相关的深加工、基地建设、优惠措施等的全融合,带来调味品全产业链数字化价值;⑥通过调味品数字化销售的破局点和极限点来实现消费的单点突破,将单点突破转化成为多个群体消费,实现数字化销售;⑦把握调味品数字化营销的特点,做到移位竞争,实现低端颠覆,创造调味典范。

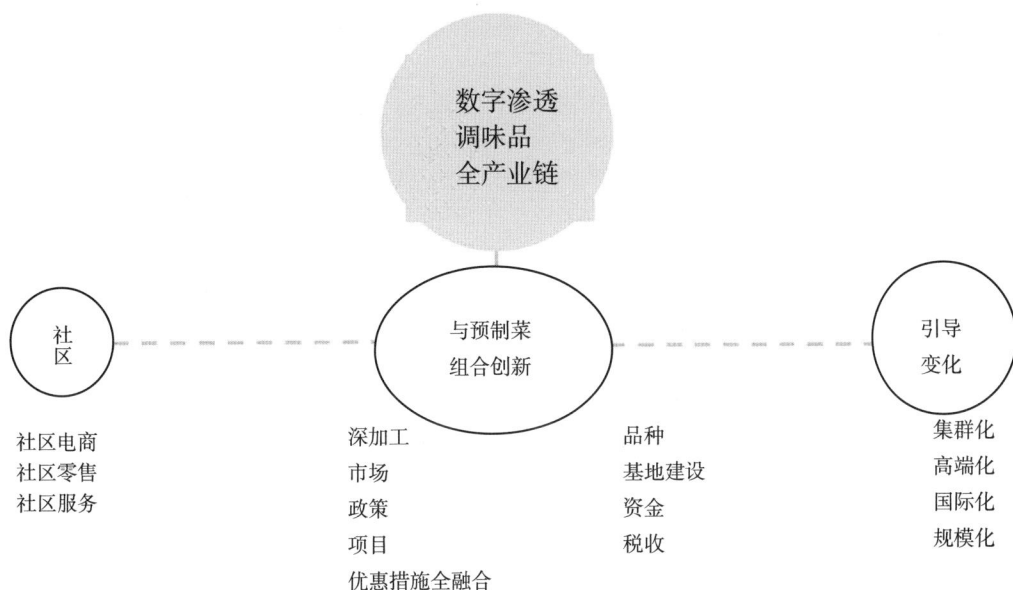

图 4-18 中国数字渗透调味品全产业链

六、数字改变调味品产业的未来(图 4-19)

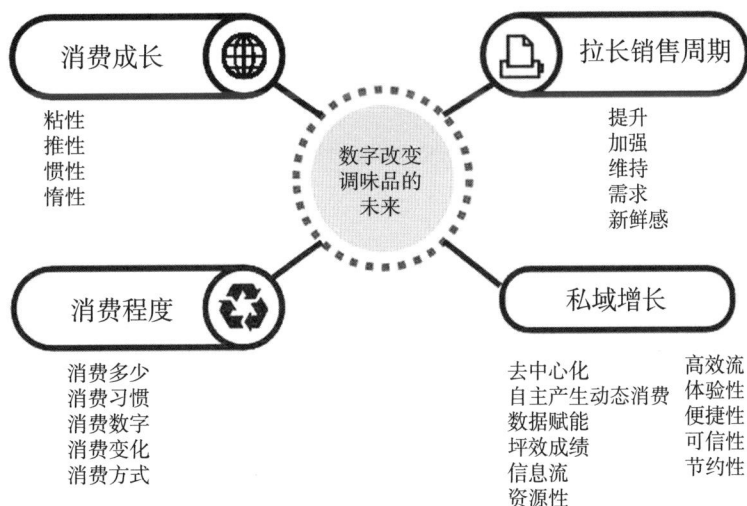

图 4-19 数字改变调味品产业的未来

1. 拉长调味品销售周期

数字化拉长调味品的消费周期,增加复购率。

2. 私域增长

数字化时代下的私域增长才是未来趋势,能够促进调味品的合理增长、科学发展和规划成熟,壮大产业矩阵。

3. 调味品场景销售

数字化增加了调味品销售场景(图 4-20),如公众号等,完全改变了销售的逻辑。调味品场景销售与销售场景的结合,产生大量数据并转化成为调味品消费的主要因素(图4-21)。

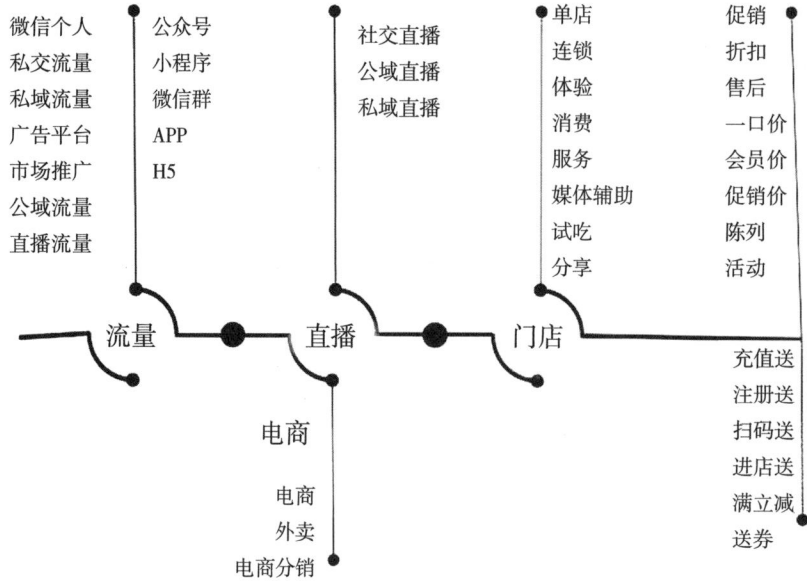

图 4-20　中国调味品场景销售示意图

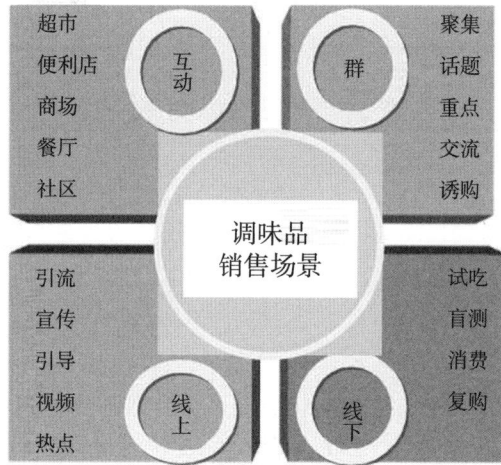

图 4-21　中国调味品销售场景因素

4. 危中有机

变与不变,危中有机,供给矛盾持续存在,需要找到生存的机会,消费决定调味品,这个规律是不变的。消费决定调味资源分布,消费变化促使调味发展,消费程度的多少、习惯、数字、变化、方式决定调味品生存状态。

第五章　预制菜

一、什么是预制菜

1. 预制菜的概念

预制菜是指将食材、调味品等提前加工、制造或烹饪或成型为只需要一道或(和)两道简单便于操作的工序,即可直接食用的调理、半成品等不同形式的方便、快捷、即食消费的食物。预制菜的范围有限,目前处于刚起步阶段,还需要长时间发展。预制菜只需要简单处理即可食用,不需要复杂加工,这样可以满足人们预先准备、规模化生产、批量化服务的需求,我们在这里所强调的数据、消费、销售均是指广义的预制菜。广义的预制菜可以比较科学地反映行业实情,反映餐饮、消费的标准化、数据化、智能化程度。广义的预制菜涉及面广,种类繁多,特色丰富,调理食品、火锅食材、速冻食品、肉制品、面食浇头等,在一定程度上就是预制菜品。

2. 预制菜的竞争点

将调味品与食材进行结合,满足消费者需求,引导消费方式的改变,这就是预制菜的竞争点。

3. 机会在哪里

并不是所有的预制菜都会成功,预制菜的制作要根据需要来进行,不可盲目生产,满足消费的认可,将消费需要做到极致,这就是机会,这就要求相关企业对消费需求进行数据分析,掌握消费者的消费痛点,把人们的需要转化成为消费数量,从而体现预制菜价值。

二、预制菜分类

1. 依据味觉分类

依据味觉区分只是从基础研究方面提供一条思路,预制菜品细分还是比较丰富的,仅以此作为研究参考。

(1)咸味预制菜。

咸味预制菜品非常多,是指在加工过程中添加了食盐来实现咸味的提供,或者添加具有咸味的酿造原料呈现咸味的预制菜。

(2)甜味预制菜。

具有甜味特征的预制菜品,如甜烧白、奶油馒头等。江苏等地区有时会将预制菜做成甜咸味,主要是根据消费者的需要进行改变。

(3)麻辣味预制菜。

比较普遍有麻辣牛肉、麻辣萝卜干等,麻辣风味一直是一种畅销且没有针对性的风味,市场容量大,品种繁多,适合做成麻辣风味的预制菜很多,但具有竞争实力的比较少。

(4)酸辣味预制菜。

酸辣风味预制菜有酸辣粉等,酸辣风味不断渗透人们生活,成为人们喜爱的开胃食品。

（5）甜鲜味预制菜。

甜鲜味中番茄风味成为主流趋势,甜味小但是酸味独特,鲜番茄味一直独领风骚。

（6）本味预制菜。

大多数预制菜品保持本味,消费者非常认可,能够给人们带来无穷的价值,创造记忆的本味预制菜。火锅的鲜切牛肉、竹笋、魔芋等单品都是本味预制菜。

（7）香味及其他味预制菜。

2. 依据加工烹饪方法分类

（1）熬制预制菜。

通过熬制形成的预制菜,或者是加工部分熬制的食材配套的预制菜,或者是与熬制有关的预制菜。对于一些新兴的预制菜会特意加上熬制特色,如骨汤系列,采用熬制的方式来满足消费认可。

（2）蒸制预制菜。

蒸制也是传统的烹饪方法之一,全国各地都有蒸制的预制菜品,只是其形成规模和销售的状况不同而已。

（3）炒制预制菜。

炒制预制菜品生产后等待炒制的预制菜为主,也有已经炒制好的只需加热即可食用的菜品,还有炒制之后直接恒温或者保温销售的菜品。

（4）焖制预制菜。

焖制可以将传统味道的优势告诉消费者,新的焖制思路形成了特色风味。焖制工艺的特殊,具有新的消费特征,传递美味思维。

（5）炸制预制菜。

通过炸制形成的预制菜品,在西餐、火锅、小吃、早餐等方面常见,如广东的下午茶。由于消费的不均衡,选择的余地不明显,尚未形成竞争力。

（6）煮制预制菜。

消费者对煮制菜品的接受度极高,北方地区流行的预制菜基本以煮制为主。通过煮制可以实现多种预制菜的开发,麻辣水煮鱼就是其中之一。超市等场所具备长期发展煮制预制菜的优势。

（7）冷加工预制菜。

区别于热加工,经过非热加工制备的预制菜可以保证食物在食用之前不损失风味,可得到原汁原味的感觉。非热加工需要的条件与热加工区别很大,也可根据需要将热加工和冷加工结合。选择冷加工一方面是满足消费需求,另一方面是加工条件所限。

（8）卤制预制菜。

依靠休闲卤制连锁等不断升级消费,卤制预制菜深入人心,在全国各地均可见到,即便是比较偏僻的乡镇都有卤制预制菜品。将卤制预制菜品与西餐创新、中餐标准化、卤制连锁、火锅配菜、小吃连锁、地方特色融合,具有非常清晰的消费前瞻性。

（9）组合式预制菜。

将不同的食材、调味品、其他相关或者不相关的食物组合在一起,成为新的组合式预制菜。组合式预制菜创新机会多,可以创造新奇特的消费场景,带来预制菜的多种食用效果。

（10）煲汤类预制菜。

以瓦罐汤为名,有煨汤系列、煲汤系列的例菜,汤具有非常美好的呈味记忆,适合深度挖掘潜力。

（11）烧烤类预制菜。

大家熟悉的烧烤类预制菜市场大,代表性强,消费群体广泛。因为烧烤风味特殊,未来的发展潜力巨大,烤涮一体的石棉烤肉是创新之一。烧烤连锁也是未来的一个趋势,石屏豆腐、大方豆制品均具有非常庞大的消费市场。西北地区是烧烤的主打市场,东北地区则是较火的烧烤市场,预制菜为烧烤食品的标准化提供思路,可以带来更多新消费的机遇。

（12）干锅预制菜。

干锅预制菜通常需要生熟搭配,比较难于煮熟的食材也需要提前加热,提前煮熟做成备用,组合后下锅炒制或者焖制即成,为干锅系列标准化、系列化、消费化、数据化的新时尚。

（13）其他方式加工的预制菜。

衍生烤制、煎烤等不同其他创新的预制菜,改变现有不足,创新消费需求,是实现人们吃好的必然选择。

3.依据餐饮用途分类

（1）西餐预制菜。

西餐所使用的面包片、调味酱、午餐肉、薯条等都是预制菜,西餐预制菜是最成熟的预制菜之一,其他的预制菜也在学习西餐的配套做法,西式快餐预制菜是当下标准化程度最高、消费量科学、准备最充分、操作最规范的一种预制菜,值得其他种类预制菜参考、学习、借鉴。

（2）火锅预制菜。

火锅的预制菜比较丰富,毛肚、牛肉、午餐肉等都是不同加工程度的预制菜,有先加工、现加工、调理冷冻冷藏、尚未解冻等,可以有上千个种类,消费潜力远远大于西餐预制菜。从广义的预制菜来看,火锅预制菜是当今最大的预制菜品,也是现在最有潜力的预制菜品之一(图5-1)。火锅种类不断增加,火锅预制菜品越来越丰富,每个地区的火锅预制菜都有差别。

图5-1　不同创新因素的预制菜

（3）小吃预制菜。

最为流行的小吃类预制菜有土豆条类及其他特色土豆系列以及凉粉类、肠粉卷粉米粉类、米线小面类、卤制类、小豆腐类等，具有小吃的特点和消费场景。

（4）凉拌预制菜。

伤心凉粉、蒜泥白肉、红油系列等都是凉拌预制菜，具有根据调味来实现味道升级和变化的特点。

（5）现炒预制菜。

现场炒制的预制菜品以半生、全生为主，配套相关的调味品组合，只需要下锅炒制即可食用。

（6）现煮预制菜。

现煮的预制菜区别于现炒的只是加工方式不同而已，具有同样的食材和配料，不同的体验和消费。

（7）汤类预制菜。

现成的预制汤，只需要加热即可食用，可以是常温、冷冻、冷藏等不同处理，具有多种组合配套的机会，可以创造更多的吃法。

（8）零食吃预制菜。

零食吃的预制菜重点强调场景消费，沙拉、饭团、卤菜、零食、休闲食品均可结合成为这个预制菜品类别。

4. 依据原料来源分类

（1）牛肉类预制菜。

麻辣牛肉、鲜切牛肉、嫩牛肉等都是最大的肉类预制菜，牛肉也是健康肉类的选择之一，又分进口牛肉和国产牛肉，牛肉类的预制菜品非常丰富。

（2）荤菜预制菜。

肉类预制菜是主要的消费体系，满足更多美味的选择。

（3）素菜预制菜。

蔬菜类作为素菜的预制菜，粉条、腐竹等都是素菜预制菜的代表，根据需求塑造不同的形状、吃法或创意。

（4）荤素搭配预制菜。

肉类结合蔬菜类，例如，香菜和牛肉的组合、野山椒与牛肉的组合等，不断组合升级成为优势的预制菜，荤素搭配的趋势越来越明显，口感好，健康极致，美味协调，轻食乐于选择荤素搭配就是这个原因，饭团、寿司和沙拉都以这种预制菜作为配套。

（5）海鲜类预制菜。

海鲜类预制菜有虾滑、虾饺、麻辣小龙虾配菜等，具有巨大潜力。

（6）菌菇类预制菜。

菌菇类预制菜作为养生需要的预制菜，配合不同色泽的蔬菜，口感和风味等都满足了大多数消费者的需求，值得预制菜深度关注。

（7）其他类预制菜。

越来越多的特色优质菜源制作而成的特色预制菜，具有稀有的食用价值和未来期待。

5. 依据地方特色分类

(1)川渝风味预制菜。

川渝风味预制菜种类多,需求量大,火锅的大部分配菜及梅菜扣肉等都是此类预制菜,具有丰富消费者的认知和人们日常生活吃好的基础。

(2)粤港风味预制菜。

粤港风味预制菜包括佛跳墙、猪肚鸡、乌鸡汤等,具有独特的本味特征,为人类吃好奠定了基础。

(3)西北风味预制菜。

中式快餐发展产生的预制菜,特色菜品有羊蝎子、牛大骨、竹笋等。

(4)华东风味预制菜。

有豚骨炖萝卜及其他华东风味特色的预制菜,具有地方特色小吃化的特征,消费具有长足的竞争能力。

(5)北方风味预制菜。

黄焖鸡、狮子头、烧鸡、烤鸭等都是预制菜品,且一直流行在全国各地。

6. 依据食用场景分类

(1)火锅宴预制菜。

火锅使用预制菜种类繁多,是当前最大的消费品类,也是标准化餐桌上最为普遍的预制菜之一,大部分以生制预制菜为主,直接煮制即可食用。部分需要煮熟之后冷藏备用,直接上桌后煮吃。部分经过冷藏备用,上桌之后煮着吃。部分火锅的预制菜为卤制品、炸制品、休闲成品,可直接作为配菜。

(2)年夜饭预制菜。

将做成直接加热即可消费,以作为年夜饭食用为特色,不断细化后会出现端午节、中秋节、元旦节、重阳节等预制菜品。利用节日气氛带动消费,产生更多的消费商和消费吃法。

(3)高铁预制菜。

高铁的餐食深入人心,又可作为消费的旅行宣传,高铁配餐离不开预制菜的发展,预制菜对高铁、车站、码头、机场等具有非常重要的颠覆作用,非常适合预制菜的推广。

(4)航空餐预制菜。

航空餐需要不同形式的预制菜,不断成就航空餐的发展。未来的太空餐、特殊需求的野外就餐都离不开预制菜。

(5)团餐预制菜。

团体消费的餐饮快速发展,具有规模的团体需求的餐饮如学校、军队、工厂、企业、基地等都需要不同数量和质量的团餐供应,预制菜是关键部分。

(6)小吃连锁预制菜。

小吃连锁不断发展产生的预制菜,如卤制品牌连锁、饺子、抄手、馄饨、粉条等,都需要预制菜满足整体需要。

(7)家用预制菜。

市场上流行的预制菜,买回家可直接快速消费,是被看好的一系列预制菜。

（8）校用预制菜。

针对不同的年龄阶段,涉及不同消费的预制菜,从幼儿园到大学都有不同的预制菜产业。

（9）旅行预制菜。

根据不同的旅行时间、地点、优势、环境、特点来做不同的预制菜,创造不同的消费价值。

（10）其他预制菜。

因为需求场景千差万别,不同场景的预制菜具有不同的消费带动,已经出现的有冬奥会预制菜、世界杯预制菜、奥运会预制菜、亚运会预制菜、大学生运动会预制菜等。

7. 依据发展进程分类

（1）单一预制菜。

由一种或者几种原料直接加工成为单一吃法需要的预制菜,火锅使用的多种菜品都是单一预制菜。

（2）组合预制菜。

两种或者两种以上不同风格的预制菜组合在一起食用。

（3）混搭预制菜。

多种不同风格的预制菜在一起,根据不同的需要可以任意选择搭配。

（4）创新预制菜。

具有创新意识消费带动的预制菜,可带来消费的新意,有风味创新、形状创新、吃法创新、体验创新、消费商创新等。

8. 依据主要食材生熟程度分类

（1）生制预制菜。

主要食材没有经过热加工的预制菜就是生制预制菜。有的生制预制菜直接食用,有的生制预制菜可以生熟两种吃法,有的预制菜需要加热熟化之后才能吃。

（2）半生半熟预制菜。

经过初加工,加热不全熟的预制菜,就叫半生半熟预制菜。一些是因为吃法需要,一些卤制的食物做成预制菜配上一些生的食物备用作为干锅,一些是创新吃法需要。

（3）熟制预制菜。

通过热加工全熟的预制菜。熟制预制菜包括冷吃系列、保温吃系列、凉拌消费系列,以及火锅、干锅、汤锅消费方式的边煮边吃系列等,保温吃系列有恒温水浴加热保温系列、电磁炉保温系列、恒温箱保温系列。

9. 依据主要食材加工程度分类

（1）粗加工预制菜。

简单加工即可达到需要的,不需要过度加工,这就是粗加工预制菜。如土豆片、毛肚、魔芋等都是粗加工预制菜。

（2）半加工预制菜。

加工程度区分的预制菜,不同的加工程度为餐饮和美食创造新的消费,为了还原新鲜如初的需要的预制菜。

（3）全加工预制菜。

完全加工的可以直接消费，或者简单加工就可以消费的预制菜，叫全加工预制菜。

10. 依据储藏条件分类

（1）常温预制菜。

在相应的时间和消费要求下常温保存，叫常温预制菜。

（2）保温预制菜。

保证相关温度下保存的叫保温预制菜。

（3）冷藏预制菜。

根据冷鲜和冷冻的需要，需要冷藏保存的，叫冷藏预制菜。

（4）恒温预制菜。

根据保存条件需要恒定温度下保存，如-18℃、0~4℃下保存，叫恒温预制菜。

三、2021 年全国预制菜行业状况

1. 2021 年预制菜市场规模

按照广义结合实际，将全国预制菜看作火锅预制菜、西餐预制菜、中餐预制菜、其他预制菜四类，2021 年全国预制菜规模达到 11341 亿元（图 5-2）。

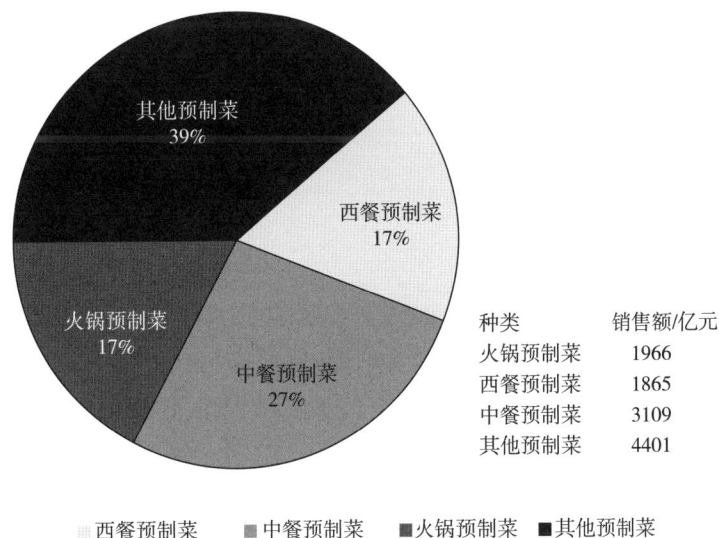

种类	销售额/亿元
火锅预制菜	1966
西餐预制菜	1865
中餐预制菜	3109
其他预制菜	4401

图 5-2　2021 年全国预制菜市场规模

根据广义的预制菜分类，该统计包括预制菜的种类繁多，内容宽泛，涉及面广，很难聚焦到消费的点，值得深入思考大而全的做法。其中，其他预制菜主要包括早餐预制菜（921 亿元）、卤制预制菜（1347 亿元）、烧烤预制菜（813 亿元）、小吃预制菜（729 亿元）、全复合调味品（591 亿元）。将出口预制菜（906 亿元）作为西餐预制菜，实际国内消费西餐预制菜（959 亿元）。中餐预制菜是增长最快的板块，火锅预制菜不断升级，但标准化程度远小于西餐使用的预制菜，细分消费的预制菜正在不断形成。

2. 预制菜的未来走势

①中餐预制菜不断形成到家服务,实现新的革命,创造新的消费力量;②新的单品预制菜不断成为消费的通用性,不同场合都可以食用的预制菜将获得快速发展机会;③炒制预制菜的概念行不通,因为消费者不理解预制菜,也不会刻意寻找预制菜,需要做到预制菜会自己说话;④外卖结合消费升级,催生人们的需求变化,预制菜将会不断被消费认可;⑤农业现代化发展,加工手段和效率的提高为全产业链的预制菜出现奠定了基础;⑥预制菜将成为调味销售服务商的新的推手,实现产业需求的快速增长。

3. 预制菜优秀案例分析

预制菜品的成功不是做得多、做得广,而是聚焦在一个单品发力,做好一个产品带来的消费认可(图5-3)。

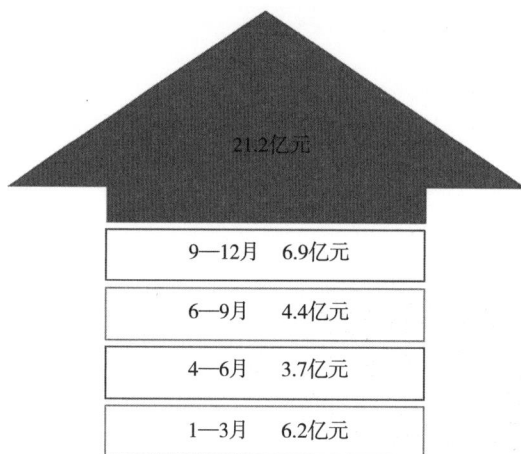

图 5-3 2021 年某一预制菜品全年销售状况

单一预制菜品做到行业前列,依靠的是消费的认可和复购,未来消费者也一定会选择这样的预制菜。这个案例中的预制菜并没有在包装上标示为预制菜,但实际的效果远远超过消费者的心智需求。

四、预制菜与餐饮的关系

1. 餐饮标准化离不开预制菜的发展

预制菜推动西式餐饮不断实现标准化,尤其是汉堡、薯条、鸡腿、披萨等成为高标准化的食物。中餐的标准化依然离不开预制菜品,预制菜做得越好,餐饮标准化进程就越理想,火锅预制菜比其他餐饮的预制菜标准化做得好,卤制连锁的预制菜品也做得非常优秀,预制菜推动餐饮标准化发展,餐饮标准化需要高标准的预制菜,两者是相辅相成的关系。

2. 预制菜让餐饮口味更加稳定

餐饮的味道不稳定是大多数餐厅的难题,如何做到菜品稳定,通过单一菜品带来巨大的营收,连锁的单一菜品如烤鸭、东坡肘子、酸菜鱼、麻辣小龙虾等,就是因为预制菜的支持,才让餐饮的味道稳定一致。

3. 预制菜提高餐饮坪效

工厂实际上就是标准化的中央厨房,大批量一致的加工,最大限度节约资源,做到成本最优,降低餐饮进货的成本,使用方便,提高了餐饮的坪效。

4. 预制菜提升餐饮整体盈利能力

降低了同等质量的菜品的价格,保证味道的一致性,让消费者吃过的记忆增强,重复消费的数量增加,提升了餐饮的盈利能力。

5. 预制菜进一步提高客流量

预制菜提高餐厅到家服务的机会,增加了预制菜的食用办法和体验,无论是线上还是线下都可以提高消费流量。

6. 预制菜提高餐饮便捷性要求

在不确定消费增多的情况下,消费需求的简便、高效、快捷强化了人们便捷性的要求,预制菜结合餐饮刚需渗透到消费的任何一个场所、任何一个场景、任何一位消费者,实现便捷的方式越来越多。

7. 预制菜打破餐饮地域性界限

通过预制菜打破地方特色吃法、消费传统的界限,实现消费融合,通过预制菜将餐饮连锁到世界各地,将地域性的特色做成世界级美味代表,带来更多的饮食文化价值。

8. 提高出菜速度

餐饮的快速发展不能满足大多数人的需求,预制菜大量使用使消费连锁得到认可,就餐的翻台轮数增加,尤其是中餐应对上班族午餐的刚需,预制菜提高了出菜的速度。在预制菜复购率足够高的前提下,依靠出菜速度带动消费商,将预制菜做到菜品连锁化,实现了餐厅的快速出菜、味道标准、分量统一。

五、预制菜与家庭消费的关系

1. 快节奏工作的需要

家庭消费的变化,快节奏的工作让人们来不及做饭,预制菜就成为人们很好的选择。家庭消费和工作的协调正好需要预制菜来满足需求。预制菜是家庭和工作的相互协调的首选。

2. 外卖规范化趋势

预制菜快速发展促进外卖规范化,弥补家庭消费的机会,增加外卖在家庭消费中不断增长的比例,自做菜与预制菜结合的时代来临。同时家庭和外卖的结合,生成很多消费的热点和亮点,提高家庭消费多样性。

3. 疫情时代下快速发展

预制菜在新情况下增加到家体验,越来越多的到家预制菜成为新消费,疫情时代下也促生了大量的预制菜消费商,快递服务、门岗服务、物业服务、停车服务等不断发挥消费商的作用,快速推动预制菜的消费,让更多高品质的预制菜随处都可消费。

4. 简化家庭消费

用预制菜代替家庭现做菜,增加人们的选择,简化了家庭的活动,为人们腾出了更多的时间和空间,做到消费更加数字化,减少了家庭消费的浪费。

5. 家庭消费复合随意化

选择多种多样的预制菜,组合成家庭就餐,满足家庭成员的不同要求,实现多元化消费的叠加,共同传递消费预制产生价值的办法和措施。

六、预制菜与地方特色的关系

1. 预制菜加速地方特色的发展

预制菜成熟引流地方特色,在西餐、火锅预制菜带动下,地方特色的发展也需要预制菜,柴火鸡、辣子鸡、黄焖鸡等的发展,急需要预制菜作为配套,带动连锁标准化发展。

2. 预制菜促进地方特色全国化发展

火锅能够发展到全国各地、世界各地,关键是预制菜的成熟使用,大大降低了连锁的风险,连锁火锅的机会增加了,消费带动的机会增强,火锅鸡这种百年消费的地方特色很多,需要预制菜的辅助才能实现全国规模化、品牌化、标准化、数据化、消费常态化、连锁加盟化、消费产业链化发展。其他多种地方特色也是一样具有这样的机会和潜力,值得深度开发和引导。

3. 地方特色成为预制菜

辣子鸡地方特色吃法不断升级成为不同需求的预制菜,甚至休闲辣子鸡可直接作为休闲小吃,也可作为预制菜。这样的地方特色都具有作为预制菜的机会,如坛子肉、酸汤鱼、酸菜鱼、麻辣鱼、臭鳜鱼等。

4. 地方特色促进预制菜

地方特色是当地经济的主战场,当地特色的发展具有非常大的潜力,特色是经济的引导线,在当地具有长期的历史地位和方向指导,发展地方特色有利于促进预制菜的发展。地方特色做成了预制菜,可以流通到世界各地,地方特色和预制菜的结合,服务了世界人民,增加了价值。

七、预制菜与菜肴的关系

1. 预制菜将菜肴制作工厂化

工厂化加工人们需要的预制菜,通过工厂调整让预制菜更加科学、标准、可溯、成型,餐厅、超市、农贸市场加工预制菜满足人们使用的方式不断转变成为以工厂化加工为主,对食材的利用和加工环境具有非常明显的改变。

2. 菜肴促使预制菜规模化

将菜肴做成预制菜,不断增加数量,提高质量,升级消费认可,完成预制菜规模化发展。

3. 预制菜加工菜品节约化

蔬菜大量浪费是传统的消费场景,预制菜品的加工减少了食材、人力、时间、资金的浪费。

4. 食材使用极致化

预制菜对食材的直采,减少了浪费,大量的食材原料来自产地,减少了运输和中途浪费的时间,食材的所有部分都可以使用到位。

5. 资源利用最佳化

预制菜提高菜的利用率,实现预制菜相关的加工、种植、运输、技术、制造、售后、消费、体验、传递最佳的优势,不断实现预制菜的最佳资源组合(图5-4)。

图 5-4　预制菜促使资源最佳利用

6. 预制菜产业链化

预制菜具有万亿市场规模,如何健康发展值得思索,利用产业链实现预制菜的不断增加,将食材和调味品结合,做成单一或者复合的预制菜,形成链式消费的带动,形成消费认可的单一预制菜刚需程度,具有非常大的商业价值。

7. 围绕菜肴的预制菜金融化

将预制菜的消费数据化,结合资金、种植养殖、收购加工、销售定制、售后体验等具有经济属性的消费行为,实现全产业链的多种预制菜发展。

八、预制菜与其他食品的关系

1. 预制菜促进速冻食品和复合调味品的结合

一些速冻食品就是预制菜,但是不是所有的预制菜都是速冻食品,二者相互之间有交叉。速冻食品结合复合调味品,加快了预制菜的进程,带来多种消费升级的专用复合调味品,实现多种食材的调味化。

2. 预制菜加速复合调味发展进度

预制菜的种类和需求不断变化,预制菜的种类和数量、质量不断叠加,加速对复合调味品尤其是全复合调味品的依赖,使调味预制菜成为一个大的品类,复合调味的作用巨大,全复合调味品的使用也非常广泛。

3. 调理食品实际上就是预制菜品

大量的火锅预制菜都是调理食品,实际上调理食品就是一种预制菜,调理的目的就是作为预制菜使用,不断兴起的预制菜使调理食品做成菜肴便捷快速,实际上也是人们需求的必然趋势。

4. 快餐能使用的都是方便预制菜

快餐使用的大量菜肴都是预制菜,快餐连锁的发展更需要大量的预制菜,尤其是中式快餐的不断发展需要越来越多的预制菜,只有预制菜越来越丰富,中式快餐的加盟连锁才能更加稳定快速发展,未来期待更多消费复购的预制菜品,为人们消费带来幸福美味的传递。

九、如何细分

1. 预制菜关联性

①消费者并不明白什么是预制菜,预制菜是强加的行业词汇,实际上生活中的速冻汤圆、速冻饺子、速冻馒头就是预制菜;②消费需要什么样的预制菜需要根据消费者的选择而来;③预制菜分类对消费需求没有影响,只有真正满足消费者的需要,才能实现复购;④不断增加预制菜上下游供应链活力,改变源头供应商处境,提高源头的价值转化,改变原料基地的现状,掌握消费需求预制菜的趋势,整合相关资源,丰富预制菜的种类、吃法和消费,为未来好的预制菜做充分的准备;⑤冷

链及其供应链变化促使预制菜的快速增长,逐步完善链条服务,实现预制菜多方面的消费认可;⑥预制菜的不断加码加速餐饮标准化进度,增加了消费的需求空间;⑦预制菜方便快捷,是传统菜的消费革命。

2. 预制菜裂变

消费预制菜的裂变在于消费体验、分享传递、价值共享、挖掘趋势,互利裂变、众筹裂变、共享裂变、预购裂变、礼物裂变、公众号裂变、社群裂变、个人号裂变等方面的不断升级,适合消费,带来价值和分享,实现更多消费商的共赢发展(图 5-5)。

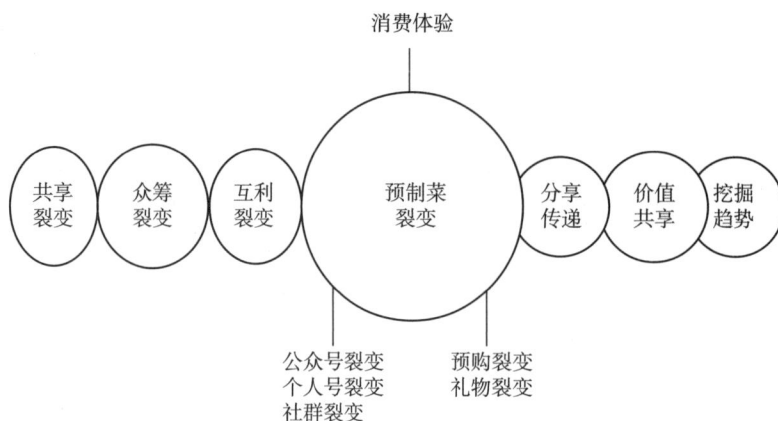

图 5-5　预制菜裂变

3. 创新销售预制菜

①提高人们消费预制菜的忠诚度,消费认可的就是未来需要深度开发的预制菜;②找到消费者需求预制菜的关键点,通过体验捕捉消费者心理,实现消费的多次复购;③对于消费者不认可的预制菜,应改变策略,让消费者作为消费商来执行销售预制菜的工作,缩短产品开发的距离,提高预制菜的消费认可度;④紧跟人们的生活变化,分析需求预制菜的动向,让消费引导需要的预制菜发展;⑤将传统的吃法做细、做精、做高、做专,创新生产高品质、高品位、高消费、高回报的预制菜;⑥预制菜促进餐饮的发展,是人类饮食进步的体现,加速了传统中华美食的全球化进程;⑦中餐因为预制菜成为焦点,未来潜力巨大。

中科华力机械
GREATWALL-E MACHINERY

中科华力机械
志在为您解决一切
生产遇到的难题！

　　成都中科华力机械有限责任公司成立于 2006 年 10 月，坐落在成都市郫都区现代工业港，是一家集科研、设计、生产、销售及售后服务为一体的食品机械专业制造企业。主要生产符合国家 GMP、SC 规范的火锅底料、复合调味品、酱腌菜、肉制品、辣椒制品、豆豉制品等成套生产工艺和生产设备，以调整灵活、质量优异、一站式全程服务的优势，深受市场的欢迎。

部分客户名单：

上海统一企业有限公司	重庆秦妈食品有限公司	重庆周君记火锅食品有限公司	贵州卓豪食品有限公司
四川张飞牛肉有限公司	重庆莉莱食品有限公司	四川味聚特食品有限公司	四川省川南酿造有限公司

注：排名不分先后

火锅底料炒制车间

酱腌菜制品生产车间

剁椒制品生产车间

肉制品生产车间

豆豉生产线

地址： 成都郫都区现代工业港港北四路 165 号

邮箱： 498176427@qq.com

电话： 028-83287098

网址： http://www.cdzkhl.com

贵州省酸汤产业协会

贺《2022 全国调味品行业蓝皮书》
出版发行的函

喜闻《2022 全国调味品行业蓝皮书》又要出版发行了，一年一本，一年一个内容，体现的价值已被诸多事实证明，网络上绝版的 2016、2017 依然被读者青睐，使用依然高效，相信用心可以成就一切！聚志同道合者，做一切皆有可能，尤其是未来的趋势和不可能。

《2022 全国调味品行业蓝皮书》：中国调味品消费机会、全复合调味品、中国调味品销售新变化、数字与调味和预制菜五方面原著原创源于实践，实则难能可贵！这不仅仅是一本书，更是高端务实推广的典范，会成就不少案例和数据，相信会为我们贵州省酸汤产业协会会员朋友们解决实际问题和后顾之忧！

热烈祝贺《2022 全国调味品行业蓝皮书》成功出版发行！

贵州省酸汤产业协会

2022 年 3 月 6 日